대화형 인공지능 천재가 되다

챗GPT 맞춤형 국어

올드스테어즈

작가의 말

대화형 인공지능 시대!
이젠 문해력도 대화로 키우자!

"인공지능 시대, 교육은 어떻게 달라질까요?"

==교육은 시대에 발맞춰 변화해야 합니다.== 사회가 달라짐에 따라 사회가 요구하는 인재상 또한 달라지기 때문이죠. 교과서와 참고서를 중심으로 공부했던 과거에는 '암기력'이, 컴퓨터가 등장한 이후에는 정보를 찾고 조합하는 '사고력'이 주요 역량으로 대두되었듯이, 인공지능 시대에는 이에 걸맞은 새로운 역량이 요구되고 있습니다.

이에 대해 교육부는 인공지능을 제대로 활용하고,
공존에 대비할 수 있는 'AI 핵심 인재 양성'에
초점을 두고 있다고 밝혔습니다. 4차 산업 혁명 시대에는
AI 관련 핵심 인재를 확보하는 일이 국가 경쟁력을 키우는
중요한 열쇠가 되기 때문인데요. 이에 따라 다가올 2025년에는
코딩 교육이 의무화되는 것은 물론, AI 영재 학급과
특화 교육 과정이 늘어날 전망입니다.

"그렇다면 우리 아이의 교육, 어디서부터 시작해야 할까요?"

교육부가 말하는 'AI 핵심 인재'란 AI를 활용하여
자기 주도적으로 문제를 해결하는 창조적 인재를 말합니다.
인공지능의 등장으로 사람이 직접 손으로 하는 일은 줄어들고,
컴퓨터를 활용하여 원하는 것을 직접 만들어 내야 하는 영역이
보다 확장된 만큼 앞으로 미래를 살아갈 우리 아이들에게는
스스로 묻고 답을 찾아내는 능력이 더욱 중요해진 셈이죠.

작가의 말

따라서 새로운 시대에는 새로운 공부법이 필요합니다. 단순히 개념을 외우고, 문제를 푸는 것만으로는 미래 인재로 거듭날 수 없기에, 컴퓨터의 언어를 이해하고 활용 방법을 깨치는 과정이 선행되어야 하죠.

"AI 시대, 문해력으로 살아남자!"

수백 페이지에 달하는 데이터를 빠르게 읽고, 처리하는 인공지능이 결코 도달할 수 없는 영역은 무엇일까요? 바로 문해력입니다. 맥락을 파악하고, 함의를 추론하여 결과를 도출해 낼 수 있는 '통찰력'은 인간 고유의 영역이기 때문이죠. 따라서 너도나도 AI 활용 능력을 개발하는 이때, 높은 문해력은 뛰어난 경쟁력이 될 수밖에 없습니다.

〈챗GPT 맞춤형 국어〉는 이러한 인공지능 시대의
길잡이가 되어줄 책입니다. '인공지능'을 통해 문해력을
키울 수 있도록 기본적인 챗GPT 활용 방법은 물론,
초등 국어 전 교과 과정을 녹여 내어 선생님이나 부모님의
도움 없이도 스스로 학습하고, 탐구할 수 있도록 만들었죠.

〈챗GPT 맞춤형 국어〉와 함께라면
대화형 인공지능과 쉽고 재미있게 대화를 나누는 것만으로도
문해력과 비판적 사고 능력, 그리고 인공지능 활용 능력까지
함께 갈고닦을 수 있습니다. 우리 아이를 인공지능 시대의
인재로 만들고 싶다면 함께 대화를 시작해 보세요.
책장을 덮을 때쯤엔 눈에 띄게 달라진 세상과
마주할 수 있을 것입니다.

추천의 글

날이 갈수록 경쟁이 치열해지는 지구촌 시대를 살아갈
우리 아이들에게 반드시 필요한 능력은 무엇일까요?
바로 나날이 발전하는 기술을 이해하고,
필요한 곳에 적용하는 능력입니다.

〈챗GPT 맞춤형 국어〉는 새롭게 등장한
'대화형 인공지능'을 아이들이 직접 학습에 접목하고
활용할 수 있도록 구성된 책입니다.

'인공지능과의 대화를 통한 학습'이라는 참신한 교육 방식을
도입하여 아이가 챗GPT와 묻고 답하는 것만으로도
학습이 가능하도록 짜여 있습니다.

아이들이 이 책을 통해 인공지능과 친밀해지고, 친구처럼
자연스럽게 받아들이며, 국어 외의 다른 교과목에도
이용할 수 있기를 기대하며 적극 추천합니다.

〈서울예술대학교 시각디자인학과 교수 김계원〉

무엇이든 스펀지처럼 빨아들이는 아이들에게도
낯선 것에 대한 두려움은 존재합니다. 집보다 더 많은
시간을 보내는 학교에서 벌어지는 일이라면 더욱 그렇죠.

'앞으로는 선생님 대신 인공지능이 우리를 가르친다고?',
'헉! 그러면 인간보다 더 똑똑한 인공지능이 세상을 지배하는 거
아니야?', '인간의 일을 AI가 다 앗아가면 어쩌지?'

어느새 우리 일상에 녹아든 대화형 인공지능 챗GPT.
그 첫 만남에 어려움과 두려움을 겪고 있을 우리 아이에게
이 책을 선물해 주세요. 주인공 소희가 챗GPT의 도움을 받아
거침없이 문제를 해결해 나가는 장면은 낯선 존재에 대한
두려움을 없애주고, 인공지능과 즐겁게 대화를 나누며
놀이하듯 공부하는 모습은 새로운 동기가 되어 줄 것입니다.

빠르게 변화하는 교육 환경에 놓여 있는 우리 아이.
아이들이 새로움 앞에서 주저하지 않고 나아갈 수 있도록
해 주세요. 이 인공지능 학습만화는 우리 아이에게
걱정 대신 용기를, 두려움 대신 높은 자존감을, 그리고
인공지능과 함께 살아가는 지혜를 선물해 줄 겁니다.

〈 네이버 카페 유·초등 교육 부문 전체 1위 수퍼맘스토리 박현영 대표 〉

목차

작가의 말 002

추천의 글 006

1 듣기·말하기

토론이 뭐야? 012
챗GPT와 반대 입장에서 토론하기

대화는 어떻게 하는 거지? 024
대화를 잘하는 방법을 알아보고, 이를 실천해 보기

공감은 너무 어려워! 035
상황극을 통해 공감하는 표현 배우기

순서를 맞춰 보자 047
일의 순서 및 인과 관계 파악하기

2 읽기

똑같은 문장도 다르게 읽혀! 064
띄어 읽기의 중요성에 대해 알아보기

무슨 이야기를 하는 걸까? 073
글을 읽고 중심 생각 파악하기

어떤 게 사실이고, 어떤 게 의견이지? 084
사실과 의견 구별하기

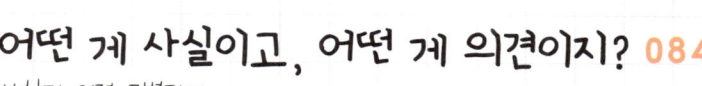

3 쓰기

일기에는 뭘 써야 하지? 100
경험을 사건으로 나열하고 일기 쓰기

주장하는 글을 써 보자! 115
문장의 짜임을 생각하며 주장글 쓰기

지구 반대편으로 편지를 보낼래! 128
편지 쓰는 방법 익히고 글 고쳐 보기

글에 감정을 담을 수 있다고? 141
나의 경험을 살려 시 창작하기

4 문법

우리말을 사랑하자! 156
한글의 특성을 이해하고 문제 풀어 보기

모양이 다른데 소리가 비슷해! 167
소리가 비슷한 낱말을 알아보고, 맞춤형 문제 풀기

높이고 빗대고! 177
관용 표현에 대해 알아보고 실제 대화에서 활용하기

5 문학

내가 주인공이 된다면? 192
이야기 속에서 인물, 사건, 배경 찾기

갈래를 바꿔 보자! 206
소설을 희곡으로 바꿔 보기

같이 만드는 이야기 218
챗GPT와 릴레이 소설 완성하기

학습 포인트

저학년 인사말, 대화(감정 표현), 일의 순서, 바르고 고운 말

고학년 회의, 인과 관계, 요약하며 듣기, 토의 및 토론, 추론, 공감

1 듣기·말하기

토론이 뭐야?
챗GPT와 반대 입장에서 토론하기

　내일은 학급 회의가 열리는 날이다. 담임 선생님께서는 다 같이 토론을 할 거라고 말씀하셨다. '우리 학교 운동장을 외부인에게 개방해야 할지, 말아야 할지'를 주제로 토론을 할 테니 각자 어떤 입장인지 정리해 오라고 하셨다. 무슨 말인지 하나도 이해가 되지 않아서 머릿속이 어지러웠다. 토론은 뭐고, 입장은 어떻게 정리하는 건데? 바삐 교무실로 향하는 선생님을 뒤로하고, 나는 치치에게 물었다.

치치야, 내일 학교에서 토론을 한다는데 토론이 대체 뭐야?

토론은 서로 다른 의견을 가진 사람들이 서로 의견을 교환하고 논쟁하는 것을 말합니다.

그건 토의 아니야?

학교에서 단군 신화에 대해 배울 때 '왜 호랑이가 아닌 곰이 사람이 되었을까?'에 대해 얘기한 적이 있었거든. 그때 선생님이 우리에게 '함께 토의해 보자'고 하셨어.

토의와 토론은 비슷한 의미를 가지고 있지만 다음과 같은 차이점이 있습니다.

✨토의 ≠ 토론✨

토의는 공통된 문제에 대한 최선의 해결 방안을 얻기 위하여 의논하는 것을 말합니다. 이때 목적은 단순히 의견을 교환하고 서로 이해하는 것에 있으며 특정한 결론을 도출할 필요는 없습니다.

반면 토론은 어떤 논제에 대하여 찬성과 반대가 각각 논리적 근거를 제시하며 자기 의견의 정당함과 상대 의견의 부당함을 주장하는 것을 말합니다. 최종적으로 합의점이나 더 나은 결론을 도출하는 것이 목적입니다.

그러니까 토의는 단순히 의견을 나누는 활동이지만, 토론은 결론을 내리기 위한 과정인 거구나?

네, 맞습니다.

그런데 토론은 왜 하는 거지? 상대방이 어떤 의견을 가지고 있든, 내가 하고 싶은 대로 하면 되잖아!

토론이 필요한 이유는 세 가지입니다.

❶ 서로 다른 의견을 가진 사람들을 이해하는 데 도움이 됩니다. 이를 통해 서로에 대한 존중과 신뢰가 생깁니다.

❷ 새로운 아이디어와 의견을 발견할 수 있는 기회를 제공합니다. 서로 다른 의견을 가진 사람들이 모이면 더 좋은 아이디어와 의견이 제시될 가능성이 높습니다.

❸ 더 나은 결론을 내리기 위한 논리적 사고와 비판적 사고를 촉진합니다. 서로 다른 의견을 비교하고 분석하는 과정을 통해 보다 바람직한 결론이 도출될 수 있습니다.

아하, 토론은 서로 다른 입장을 이해하기 위한 과정이구나. 그럼 의견을 아무렇게나 얘기하면 되는 거야?

1. 듣기·말하기

토론을 할 때에는 각자 역할이 있습니다.

❶ 진행자

토론을 끌어 나갑니다.

❷ 찬성편 발언자

토론 주제에 대하여 찬성하는 주장을 펼칩니다.

❸ 반대편 발언자

토론 주제에 대하여 반대하는 주장을 펼칩니다.

❹ 판정단

주장과 근거의 타당성을 따져 토론의 승패를 가립니다.

각자 정해진 역할대로 이야기를 해야겠구나.
그럼 토론은 어떻게 해야 하는 건지 알려 줄 수 있어?

토론을 하는 방법은 크게
다음과 같은 단계로 이루어집니다.

❶ 주장 펼치기

근거와 근거에 대한 구체적 자료를 제시하여 주장을 펼칩니다.

❷ 반론하기

상대편 주장을 요약한 뒤, 질문을 통해 근거나 자료가 적절하지 않다는 것을 밝힙니다.

❸ 주장하기

자기편 주장을 요약한 뒤, 상대의 반론이 잘못되었음을 지적합니다.

❹ 판정하기

찬성편과 반대편의 의견을 듣고 어느 쪽이 더 타당했는지 결론을 내립니다.

주장을 하려면 근거랑 자료도 필요하단 말이야?

네. 뒷받침할 근거와 자료가 있어야만 논리적으로 설득력 있게 주장할 수 있습니다.

예를 들어 '운동을 하면 건강에 좋다'는 주장을 하고 싶다면, 전문가의 의견이나 연구 결과, 실제 사례와 같은 근거를 제시함으로써 주장의 타당성을 높일 수 있습니다.

아하, 그렇구나! 내일 우리 반에서 학급 회의가 열리는데 '우리 학교 운동장을 외부인에게 개방해야 하는가?'를 두고 토론을 하기로 했거든. 나랑 같이 토론을 해 줄 수 있을까?

1. 듣기·말하기

알겠습니다. 찬성과 반대 중 어떤 의견인지 알려 주시겠어요?

음……! 나는 찬성으로 할게! 너부터 얘기해.

알겠습니다. 저는 반대편 역할을 맡겠습니다.

우선 학교 운동장을 외부인에게 개방해야 한다는 의견에 반대합니다.

학교 운동장은 학생들의 안전과 학교의 재산 보호를 위해 학생들과 교직원만 사용할 수 있는 장소입니다. 만약 외부인에게 개방한다면, 불필요한 위험이 발생할 수 있습니다.

그리고 이러한 문제가 발생한다면 학교가 책임을 져야 하는 상황이 생길 수 있습니다.

또한, 학교 운동장은 학교의 교육 활동을 위해 필요한 시설입니다.

학생들의 체육 수업 및 동아리 활동 등이 이루어지는 장소이며, 외부인에게 개방함으로써 학생들의 교육 활동에 영향을 미칠 수 있습니다. 따라서 학교 운동장은 교육 활동을 위해 유지되어야 한다는 것이 제 반대 의견입니다.

음, 하지만 나는 학교 운동장을 외부인에게 개방해야 한다고 생각해.

우선 학교는 세금으로 지은 공공 재산이잖아? 그러니까 사회 체육 시설이 부족하다면 공공 기관인 학교가 지역 주민들과 공간을 공유해야지. 학교 운동장처럼 공간이 넓고 다양한 시설을 갖추고 있는 곳은 많지 않으니까.

1. 듣기·말하기

특히나 서울처럼 인구가 밀집된 곳은 인구 대비 체육 시설이 부족하니까 학교 운동장 같은 공용 공간이 반드시 필요하고.

만약 학생들이나 선생님들께 피해를 주는 것이 우려된다면 운동장 이용 시간을 조정하는 방법도 충분히 고려해 볼 수 있잖아?

안전 문제는 지역 주민들과 함께 협력해서 해결할 수도 있고 말이야.

네, 좋은 의견이네요. 하지만 학교 운동장은 교육을 위한 시설입니다. 따라서 학교 운동장을 개방하는 것은 교육 목적에 어긋날 수 있습니다.

또한, 학교 운동장이 공공 체육 시설의 부족을 해결할 수 있는 해결책은 아닙니다. 학교 운동장을 개방하는 대신 지역 주민들이 이용할 수 있는 체육 시설을 더 많이 만들어야 합니다.

치치는 내 의견을 철통 방어했다. 치치를 토론에서 이길 수 있는 방법이 없을까? 고민하던 중 조금 전 치치가 설명했던 내용이 떠올랐다. 맞다, 주장을 펼칠 때는 적절한 근거와 자료가 뒷받침되어야 한다고 했지! 나는 헐레벌떡 인터넷에 정보를 검색했다. 내 주장에 도움이 될 만한 자료가…… 아, 여기 있다!

> 치치 네 말도 일리가 있어. 그렇지만 반박을 해 보자면, 학교 운동장이라는 멀쩡한 공간을 두고 새로운 체육 시설을 만드는 건 자원 낭비라고 생각해.

> 경제적 의미에서도 그렇지만 공간도 많이 차지하고 시간도 오래 걸리잖아. 그럴 바에는 이미 있는 공간을 활용하는 게 더 낫지.

그리고 자, 이걸 봐!

실제로 운동장을 포함한 학교 체육 시설을 지역 주민들에게 개방했을 때 만족도를 조사한 자료야.

방과 후에 청소년과 성인을 대상으로 스포츠 프로그램을 운영한 결과 주민들의 행복도가 23%나 증가했다고! 비용도 42%나 절감할 수 있었고.

학생들의 안전 문제는 관리자들을 활용하거나 외부인들의 신원을 꼼꼼히 확인하는 방법으로도 해결할 수 있다고!

그 말씀에 동의합니다. 학교 운동장의 외부 개방은 출입 관리와 안전 유지를 철저히 한 뒤 안전한 환경에서 이루어져야 한다고 생각합니다.

좋았어! 그럼 이 토론에서는 내가 이긴 거지? 그렇지?

토론에서는 승패를 따지기보다 서로 다른 의견을 나누고 고려해 보는 것이 중요합니다.

'왜 이런 일이 생겼을까?', '이것을 바꿀 수는 없을까?'라고 생각해야 토론이 가능하며, 이를 삐딱하게 받아들이거나 다른 사람의 의견을 무시하면 진정한 토론이 이루어지기 어렵습니다.

> 또한 어떤 쪽이 이기는 것이 아니라 서로 의견을 조율하고 협력하여 더 나은 결정을 내리는 것이 중요합니다.

치치는 토론을 할 때 어떤 자세로 임해야 하는지도 설명해 주었다. 치치와 함께 토론 연습도 했으니 내일 학급 회의는 문제없겠지?

INFORMATION

대화형 인공지능은 일반 검색 엔진과 달리 필요한 내용을 정리하고 요약하여 문장으로 알려 줍니다. 토론 대회를 앞두고 있거나 학교에서 배운 내용을 바탕으로 토론을 해 보고 싶다면 대화형 인공지능에게 주제를 알려 주고, 찬성편과 반대편에서 각각 어떤 주장들을 할 수 있는지 알아보세요. 나의 주장을 강화할 수 있는 한편, 상대방이 어떠한 근거로 주장을 할지 미리 대비할 수 있답니다. 알게 된 내용을 바탕으로 편을 나누어 토론 연습을 해 보는 것도 좋겠죠?

교과 연계

5학년 2학기 | 토론 절차와 방법 알기, 주제를 정해 토론하기
6학년 1학기 | 주장과 근거 판단하기
6학년 2학기 | 자신의 생각과 상대의 생각을 비교하여 토론하기

대화는 어떻게 하는 거지?
대화를 잘하는 방법을 알아보고, 이를 실천해 보기

저녁을 먹은 뒤 수학 숙제를 하고 있는데 예솔이에게 전화가 걸려 왔다. 예솔이가 누구냐면 우리 반에서 공부를 가장 잘하는 아이다. 얼마나 열심인지 쉬는 시간에도, 점심시간에도 늘 책만 들여다보고 있다. 그래서인지 예솔이와 대화를 나눠본 아이가 많지 않았는데, 뜬금없이 나한테 전화를 걸어온 것이다. 고개를 갸웃거리며 전화를 받자 예솔이가 다급한 목소리로 말했다.

예솔이가 숙제 범위를 잊어버리다니! 놀랄 틈도 없이 예솔이는 빨리 가르쳐 달라며 닦달했다. 나는 허겁지겁 수학 교과서의 쪽 번호를 읊어 주었다.

"58쪽부터 62쪽까지. 더 알아보기 부분 전부 풀어……."
"응, 알겠어."

대답을 들은 예솔이는 단박에 전화를 끊었다. 고맙다는 말도 없이 자기 할 말만 하고 전화를 끊어 버리다니!

와, 진짜 짜증 나! 뭐 이런 애가 다 있지?

화가 날 때는 깊게 숨을 들이마시고, 천천히 숨을 내쉬어 보세요. 신체적 반응을 감소시키고 분노를 진정시켜 더 차분하게 생각할 수 있게 해 줍니다.

나는 치치가 시키는 대로 심호흡을 했다. 가슴을 빵빵하게 부풀렸다가 후— 하고 내뱉자 머리를 뜨겁게 달구던 열이 식는 것 같았다.

휴, 이제 좀 진정이 된 것 같아.

내가 왜 화가 났냐면 말이야. 우리 반에 예솔이라는 애가 있거든? 걔가 갑자기 전화를 걸어서 자기 할 말만 하고 끊어 버리는 거 있지!

그것은 매우 불쾌한 상황일 수 있습니다. 이러한 경우 친구가 왜 그렇게 행동했는지 이유를 파악하는 것이 좋습니다.

또한 친구와의 대화 방식을 바꾸거나 의사소통 문제를 해결하는 것이 필요할 수 있습니다.

대화 방식을 바꾸라고? 대화에도 방식이 있어?

네, 올바른 대화 방식을 사용하면 상대방과 원활한 대화를 할 수 있습니다. 대화를 할 때에는 다음과 같은 사항을 고려해야 합니다.

1. 듣기 · 말하기

① 상대가 누구인지 생각하기

대화를 나누고 있는 상대에 따라 사용해야 하는 어휘나 표현이 달라질 수 있습니다. 예를 들어 친구에게는 '밥 먹었어?'라고 물어봐도 되지만 선생님이나 부모님 같은 어른에게는 '식사하셨어요?'처럼 높임 표현을 사용해야 합니다.

② 대화하는 목적이 무엇인지 생각하기

모든 대화에는 목적이 있습니다. 상대가 나에게 정보를 주거나 받고 싶은 것인지, 감정을 표현하는 것인지 잘 살펴야 그에 맞는 대답을 할 수 있습니다.

③ 상대의 기분 생각하기

상대가 현재 어떤 마음과 기분인지 파악하는 것이 중요합니다. 예를 들어 친구가 급히 뛰어가는 상황에 말을 걸거나 질문을 하면 친구는 마음이 조급해져 화를 낼 수도 있습니다. 이럴 때에는 친구의 급한 마음을 이해하고 대화를 중단하는 것이 좋습니다.

④ 어떤 상황인지 생각하기

대화를 할 때 혼나는 중인지, 칭찬을 받는 중인지 또는 주변 환경이 너무 시끄럽지는 않은지 생각해야 합니다. 또한 현재 얼굴을 마주 보고 대화하고 있는지, 전화 중인지 등 다양한 상황에 따라 대화의 방식이 달라질 수 있으므로 상황을 잘 살피는 것이 중요합니다.

치치의 말을 들은 뒤 예솔이가 처한 상황을 헤아려 보았다. 시간은 어느덧 9시를 향해 가고 있었다. 곧 자야 할 시간인데 뒤늦

게 숙제가 있다는 사실을 알아챈 예솔이가 얼마나 당황스러웠을지 생각하니 급하게 전화를 끊어버린 게 이해되는 것 같기도 했다. 더불어 예솔이가 다른 사람도 아닌 나에게 전화를 했다는 건 그만큼 평소에 나를 믿고 있었다는 증거인 것 같아 기분이 풀어졌다.

  하지만 그렇다고 해서 자기 할 말만 하고 끊어버린 예솔이의 행동이 옳은 건 아니었다. 나에 대한 예의가 아니니까! 그 생각이 들자 나 역시도 통화할 때 예솔이처럼 예의 없이 행동했던 적이 있는 건 아닌지 걱정스러워졌다. 나는 곧장 치치에게 물었다.

치치야. 전화할 때는 어떻게 대화하는 게 올바른 방식인 걸까?

전화 대화에는 세 가지 특징이 있습니다.

❶ 전화를 거는 사람과 받는 사람이 있습니다.

❷ 서로의 얼굴이나 표정을 볼 수 없습니다.

❸ 자신이 누구인지 밝혀야 하며 내용을 정확하고 구체적으로 표현해야 합니다.

그러므로 상대가 하는 말을 끝까지 듣지 않거나 자신이 하고 싶은 말만 하는 것, 말하고자 하는 내용을 구체적으로 말하지 않는 것은 올바른 전화 대화가 아닙니다.

하긴, 전화로 대화를 하게 되면 상대방의 몸짓이나 표정을 볼 수가 없으니까 훨씬 더 조심해서 말을 해야겠구나.

그럼 문자로 대화할 때는 더욱 주의를 기울여야겠네? 목소리조차도 들을 수 없으니까 말이야.

네, 맞습니다. 문자 메시지, 메신저, 댓글과 같은 온라인 대화에서는 상대방이 어떤 감정을 느끼고 있는지 파악하기 어렵기 때문에 표현하려는 내용이 잘못 전달될 수도 있습니다.

또한, 글자 그대로 해석하면 오해가 생길 수도 있기 때문에 상황에 맞는 언어 선택과 문맥 파악도 중요합니다.

따라서 문자 대화를 할 때는 더욱 신중하게 대화를 이어 나가는 것이 좋습니다

그렇구나. 표정이 보이지 않아서 문제라면 이모티콘을 쓰는 건 어때?

난 귀여운 토끼 이모티콘이랑 강아지 이모티콘을 가지고 있거든. 친구들이랑 메신저로 대화할 때 대답 대신 이모티콘을 보낼 때도 많고.

이모티콘은 말보다 기분을 더 잘 표현해 줄 수도 있지만 너무 많이 사용하거나 상황에 맞지 않는 이모티콘을 사용하게 될 경우 상대방에게 불쾌감을 줄 수도 있습니다.

그러므로 상대가 이해할 수 있을 정도로만 적절히 사용하는 것이 중요합니다.

    생각해 보니 나도 이모티콘 때문에 기분이 상했던 적이 있었다. 언니와 다툰 이후 단짝 친구인 지수에게 하소연을 했는데 지수가 이모티콘을 잔뜩 보내온 것이다. 나는 심각한데 지수는 장난을 치고 있는 것 같아 짜증이 났다. 나는 지수에게 '지금 장난해?!' 하며 화를 냈고, 지수 역시 '잘 듣고 있는데 왜 화를 내고 그래?' 하며 황당해했다. 예솔이에게 기분이 나빴다고 솔직히 얘기하고 싶은데, 그때의 기억을 떠올리니 조금 걱정이 되었다. 어떻게 하면 예솔이에게 내 감정을 솔직히 얘기할 수 있을까?

1. 듣기·말하기

> 치치야. 아까 예솔이가 자기 할 말만 하고 전화를 끊어 버린 거 말이야. 그것 때문에 내 기분이 상했다고 얘기하고 싶은데 어떻게 말하면 좋을까?

> 자신의 기분을 솔직하게 표현하는 것이 가장 중요합니다.

> '갑자기 전화를 끊어 버리니까 기분이 상했어.'라고 말해 보세요. 이렇게 말함으로써 상대방에게 감정을 전달할 수 있고, 상대방도 자신의 행동이 어떤 영향을 끼쳤는지 이해할 수 있습니다.

> 물론, 이때 상대방이 왜 전화를 끊었는지 이유를 물어보고 더 깊이 이야기를 나누는 것도 좋은 방법입니다.

나는 치치의 말을 듣자마자 예솔이에게 문자를 보냈다.

> 안녕, 예솔아. 나 소희야. 조금 전에 전화했을 때 말이야. 네 할 말만 하고 갑자기 끊어 버려서 놀라기도 했고, 솔직히 기분이 조금 상하기도 했거든. 화가 난 건 아니고, 혹시 갑자기 끊어 버린 이유가 있는지 궁금해서.

문자를 보낸 지 오래되지 않아 예솔이에게 답장이 왔다.

> 미안. 숙제 때문에 마음이 급해서 나도 모르게. 기분 상하게 하려고 일부러 그런 건 아니었어.

> 그랬구나. 충분히 이해해. 나 같아도 밤늦게 숙제가 있다는 사실을 알게 됐다면 깜짝 놀라서 정신이 없었을 거야.

> 이해해 줘서 고마워, 소희야. 다음부터는 조심할게. 그리고 네 덕분에 숙제는 무사히 잘 끝냈어.

> 정말? 다행이다.
> 그럼 푹 자고 내일 봐.

> 응, 내일 보자.

치치에게 배운 것처럼 내 감정을 솔직하게 털어놓으니 마음이 한결 편해지는 것 같았다. 무엇보다 예솔이의 상황과 기분을 먼저 이해한 다음 적절히 이모티콘을 활용하여 얘기하니 나의 의견이 더욱 잘 전달되는 것 같았다. 앞으로는 더 좋은 대화를 할 수 있을 것 같다는 기대감과 함께, 대화 중 어떤 갈등이 생기더라도 해결할 수 있을 거라는 자신감이 생겼다. 이게 다 옆에서 조언을 해 준 치치 덕분이겠지?

INFORMATION

공부를 할 때만 대화형 인공지능을 활용할 수 있는 건 아닙니다. 일상생활에서 어떠한 문제에 부딪혔을 때, 고민이 생겼을 때, 의견을 나누고 싶을 때도 얼마든지 대화형 인공지능에게 물어볼 수 있어요. 챗GPT와 대화를 나누며 좋은 대화에 대해 되새기고, 어떻게 하면 갈등을 해결할 수 있을지 의논해 보세요. 그 과정만으로도 공부가 되는 것은 물론 친구 관계도 더욱 돈독해질 수 있답니다.

교과 연계

2학년 1학기 | 마음을 나타내는 말을 사용해 마음 표현하기
2학년 2학기 | 바른말 알기
3학년 2학기 | 대화할 때 고려해야 할 점 떠올리기, 전화할 때의 바른 대화 예절 알아보기
4학년 2학기 | 대화 예절을 지키며 대화하는 방법 알기, 온라인 대화를 할 때 지켜야 할 예절 알기
5학년 1학기 | 대화의 특성 이해하기
5학년 2학기 | 마음을 나누며 대화하기

1. 듣기·말하기

공감은 너무 어려워!
상황극을 통해 공감하는 표현 배우기

    등굣길에 해찬이를 만났다. 해찬이는 작년에 같은 반이었던 남자 아이인데 착하고, 섬세해서 꽤 친하게 지냈다. 내가 먼저 아는 체를 하자 해찬이는 힘없이 손을 흔들었다. 누가 봐도 고민이 한가득인 얼굴이었다.

    "표정이 왜 그래? 무슨 일 있어?"

    해찬이는 한숨을 푹 내쉬었다. 그러고는 고개를 푹 숙인 채 중얼거렸다.

    "그게 말이지. 어제 학원에서 레벨 테스트를 했거든? 근데 등급이 너무 형편없이 나온 거 있지. 엄마가 레벨 테스트에서 A등급 나오면 놀이공원 데려가 주신다고 그랬는데……."

해찬이의 시무룩한 표정을 보니 위로를 해 주고 싶었다. 그런데 위로를 하려면 정확히 어떤 문제인지 알아야 할 것 같았다. 나는 해찬이의 어깨를 두드리며 물었다.

"무슨 시험이었는데?"
"어?"
"학원에서 본 게 무슨 시험이었냐고. 점수는? 몇 점 이상 받아야 A등급인 거야?"
"야, 지금 그게 중요해?"
"그럼 뭐가 중요해?"

내 말에 해찬이는 질린다는 얼굴을 하더니 앞장서 가 버렸다. 나는 해찬이의 기분을 도저히 이해할 수가 없었다.

치치야. 해찬이가 학원에서 레벨 테스트를 망쳤대.

그런데 내가 무슨 시험인지, 몇 점을 받았는지 물어보니까 기분이 팍 상해서 가 버렸어. 내가 잘못한 거야?

해찬이는 시험을 망쳤고, 그 결과에 대해 기분이 좋지 않을 겁니다. 만약 시험 내용과 성적에 관해 물어봤다면 자신의 실패와 부족함을 상기시켜 부담감을 더하게 될 수 있습니다.

그러므로 친구의 기분이 상하지 않도록 공감해 주는 것이 좋습니다.

공감을 하라고? 공감이 뭔데?

공감은 다른 사람의 감정이나 상황을 이해하는 것을 의미합니다. 즉, 상대방의 감정이나 상황에 대해 이입하여 그들의 입장에서 생각하고 느끼는 것입니다.

그런 게 공감이라면 난 이미 충분히 했는걸? 해찬이가 무엇 때문에, 얼마나 속상한지 알아보려고 질문을 한 거였다고.

친구의 상황에 관해 물어보고,
생각과 감정을 듣는 것은 공감의 한 부분입니다.

그러나 단순히 상황을 해결하기 위해
질문을 던지는 것보다 상대방의 처지를 고려하여
지지와 위로의 말을 건네는 것이 더 중요합니다.

뭐? 위로한다고 해서
상황이 해결되지는 않잖아!

상대방이 듣기 원하는 것이 무엇인지
파악하는 것이 중요합니다.

만약 상대방이 문제를 해결할 수 있는 방법을
찾아 달라고 요청하면 최대한 도움을 주어야 하지만,
상대방이 단지 위로와 격려를 필요로 한다면
공감하고 격려의 말을 해주는 것이 좋습니다.

    나는 깜짝 놀랐다. 당연히 문제를 해결해 주면 해찬이가 좋아할 거라고 생각했는데 그게 내 착각이었다니.

그럼 진짜 공감은 어떻게 하는 건데?

1. 듣기 · 말하기

아래는 공감하는 방법에 대한 길잡이입니다.

❶ 경청하기

"그렇구나.", "그래서 어떻게 됐어?"하고 말하며 주의를 기울여 집중해서 들어야 합니다. 고개를 끄덕이거나 눈을 마주치는 등 상황에 맞는 표정과 행동도 더해지면 말하는 사람에게 열심히 듣고 있다는 인상을 남길 수 있습니다.

❷ 처지를 바꾸어 생각하기

말하는 사람의 처지가 되어 "정말 슬펐겠다.", "내가 너라면 아주 기뻤을 것 같아."하며 어깨를 토닥이거나 손을 모아 쥐어 보세요. 감정을 표현해 주면 상대가 안정감을 느낄 수 있습니다.

❸ 배려하며 말하기

"무척 힘들었겠구나.", "다음에는 잘할 수 있을 거야."등 상대의 처지를 생각하며 말해 보세요. 말하는 상황에 어울리는 표정을 지으면 더욱 좋습니다.

으, 조금 오글거리는 것 같은데…….

공감하는 표현이 불편하거나 낯설게 느껴진다면 잦은 연습을 통해 익숙해지거나 자신이 느끼기에 자연스러운 방식으로 바꾸어 표현해 볼 수 있습니다.

중요한 것은 상대방과 대화할 때
관심을 가지고 공감하는 태도를 보이는 것입니다.

저 말을 똑같이 따라 하라는 게 아니라
내 방식대로 바꾸어서 표현하면 된다는 거지?

네, 맞습니다.

공감을 표현하는 방법은 사람마다 다르기 때문에,
상대방의 상황과 감정을 고려하여 자신만의 방식으로
표현하는 것이 좋습니다. 이는 더욱 자연스럽고
진실한 공감을 전달할 수 있도록 도와줄 것입니다.

흠, 이렇게 설명만 들어서는 잘 모르겠는데…….

치치야, 나랑 상황극을 해 줄 수 있어?
공감하는 표현을 연습해 보고 싶어서.
지금부터 내가 상담자라고 생각하고
너의 고민을 얘기해 줘.

최근에 제가 업무 스트레스 때문에
힘들고 지친 감이 있는데 어떻게 해야 할지
막막한 상황이에요.

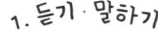

이것 때문에 자존감이 낮아지고, 일에 대한 흥미도 떨어지고 있…….

잠깐, 잠깐! 중요한 내용을 빠트렸네. 네가 내 또래 친구라고 생각하고 얘기해 주면 좋겠어.

최근에 수학 시험을 치렀는데, 예상치 못한 난이도 때문에 점수가 매우 낮게 나왔어. 그래서 공부 방법을 바꾸고 싶은데 어떻게 해야 할지 모르겠어. 이럴 때 어떻게 하는 게 좋을까?

정말 속상하겠다.

열심히 했을 텐데 상실감이 클 것 같아. 지금은 어떤 방법으로 공부하고 있는지 얘기해 줄 수 있어?

그럼, 당연하지. 나는 지금 숙제를 하고 남는 시간에 연습 문제를 풀고 있어. 틀린 문제는 오답 노트를 정리해서 다시 복습하고, 모르는 개념이나 공식은 인터넷을 참고해서 공부하고 있지.

그런데 이렇게 해도 점수가 오르지 않아서 고민이야.

나 같아도 고민이 될 것 같아.
혹시 선생님께 물어보는 방법은 생각해 봤어?

그것도 고려해 보았지만, 나는 조금 소심한 성격이어서 도움을 요청하는 것이 쉽지 않아.

아하, 그렇구나!

소심한 성격이라면 정말 어려울 수도 있겠다.
그럼 내가 같이 가서 물어봐 주면 어때?

아, 그러면 정말 좋겠다! 같이 가서 질문을 하면 나도 도움을 받을 수 있고, 선생님도 더 자세하게 설명해 주실 수 있으니까. 정말 고마워.

고맙기는!

어때? 내 상담이 도움이 됐어?
충분히 공감하고 있는 것 같아?

네, 매우 잘하고 있어요!
말투와 표현들이 너무나도 자연스러워요.

그리고 조언에 대해 또다시 자기 생각을 더해 주는 모습도 정말 좋았어요. 상대방의 마음에 공감하고 이해하는 능력이 뛰어나다는 것을 확실히 보여준 것 같습니다.

좋았어! 이 정도면 해찬이의 마음도 충분히 돌릴 수 있겠지?

나는 수업 시간 내내 치치의 말을 되새겼다. 그리고 하굣길에 다시 해찬이와 마주쳤다. 이번에는 기필코 공감을 해 주겠어! 굳게 다짐을 하며 해찬이를 불렀다. 해찬이는 아직 토라진 상태인지 나를 힐끔 보더니 곧장 걸어갔다. 나는 빠르게 달려 해찬이 옆에 섰다. 다행히 신호등에 걸려 해찬이는 꼼짝도 하지 않고 그 자리에 서 있었다.

"해찬아! 아침에는 나 때문에 속상했지? 나는 네가 어떤 시험을 봤는지, 몇 점 차이로 A등급에 들어가지 못한 건지 궁금해서 물어본 거였는데 곰곰이 생각해 보니까 내가 잘못했더라고. 나는 네 상황을 더 잘 알아야 문제를 해결해 줄 수 있을 거라고 생각했거든. 네가 그냥 위로해 주기를 바라는 건지도 모르고."

"치…… 그걸 이제 알았어? 친구한테 말해 봤자 내 레벨 테스트 등급이 달라지는 건 아니잖아. 그러니까 고민을 털어놓을 때는 해결보다 위로를 바라는 거라고."

"하긴, 내가 마술사는 아니니까. 그나저나 레벨 테스트 망친 것 때문에 놀이공원에 못 가게 돼서 정말 속상하겠다."
"응, 너무 많이. 공부도 정말 열심히 했는데 실수를 해 버린 거야. 아직 엄마한테는 무서워서 말씀도 못 드렸고……."

"실수할 때 제일 안타깝지. 나도 아는 문제인데 틀릴 때가 많거든."

"정말? 나만 그렇게 바보 같은 실수를 하는 줄 알았는데."

"에이, 사람은 누구나 실수를 한다고. 심지어는 기계들도 실수를 하는걸? 그러니까 너무 위축되지 마."

"뭐? 기계도 실수를 한다고?"

나는 해찬이에게 치치에 대해 이야기해 주었다. 아주 똑똑한 인공지능인 치치도 가끔 실수를 한다는 이야기에 해찬이는 크게 놀라면서도 안심했다. 해찬이는 덕분에 위로가 되었다며, 다음에는 더 열심히 해서 꼭 놀이공원에 놀러 가겠다고 다짐했다. 다음 날, 해찬이에게 문자 한 통이 왔다. 엄마에게 솔직하게 이야기했더니 열심히 했으니 그래도 놀이공원에 데려가 주신다고 했다며 기뻐했다. 해찬이가 기뻐하는 모습을 보니 내 기분도 덩달아 좋아졌다. 치치 덕분에 친구의 마음을 위로할 수 있는 좋은 방법을 배운 것 같다. 앞으로도 잘 부탁해, 치치!

INFORMATION

<mark>대화형 인공지능과의 상황극을 통해 듣기와 말하기를 연습해 볼 수 있습니다.</mark> 또래 친구들과의 대화가 어렵다면 대화형 인공지능과의 연습을 통하여 어떤 말을 해야 친구가 좋아할지, 다음 상황에서는 어떻게 대화를 이어 나가면 좋을지 파악해 볼 수 있겠죠? 말을 주고받는 방법을 익히며 대화에 대한 자신감은 물론, 풍부한 어휘력과 공감 능력까지 향상할 수 있습니다.

교과 연계

5학년 1학기 | 서로 공감하며 대화하기, 상대를 배려하며 조언하기, 친구의 고민을 듣고 해결 방법 제안하기

5학년 2학기 | 공감하며 대화하는 방법 알기

1. 듣기·말하기

순서를 맞춰 보자
일의 순서 및 인과 관계 파악하기

언니는 몇 개월만 있으면 고등학생이 된다. 아직도 나한테 유치한 장난을 치느라 바쁜데 얼마 뒤면 수험생이 된다니. 정말 말도 안 된다. 더 말이 안 되는 일은, 부모님이 중학교 졸업 선물 겸 고등학교 입학 선물이라며 언니에게만 태블릿 PC를 사 주셨다는 거다. 나는 억울했다! 왜냐하면 이번 내 생일에 태블릿 PC를 사 달라고 졸랐더니, 난 아직 어리니까 2년은 더 기다리라고 하셨기 때문이다. 언니랑 몇 살 차이도 안 나는데 이렇게 차별을 받아야 한다니!

결국 나는 언니가 친구들이랑 놀러 간 틈을 타, 언니 방에 몰래 들어갔다. 여기저기 어질러진 모습이 돼지우리가 따로 없었다. 나는 정리 정돈도 잘하고, 언니보다 말도 잘 듣는데 나이가 어리다는 이유만으로 태블릿 PC를 가질 수 없다고? 치사함에 속이 부글부글 끓었다.

"오, 찾았다!"

책장 사이를 뒤적이다 드디어 태블릿 PC를 발견했다. 꺼내 들고 나오려는데, 아뿔싸! 책상 위에 놓여 있던 종이들이 와르르 쏟아지고 말았다. 자세히 들여다보니 언니의 학교 숙제인 것 같았다. 순서가 엉망이 되면 내가 방에 들어왔다는 사실을 알 테고, 그럼 태블릿 PC를 쓰려고 했다는 사실도 들킬 텐데!

치치야, 큰일 났어! 내가 언니 숙제를
뒤죽박죽 섞어 버린 것 같아. 어떡하지?

먼저 진정하시고 너무 걱정하지 마세요.
누구에게나 있을 수 있는 일입니다. 언니에게 사과하고
어떤 조치를 취해야 하는지 함께 상의해 보세요.

뭐? 절대 안 돼! 언니한테 얘기했다가는
나를 가만두지 않을 거라고!

화난 언니의 얼굴을 생각하자 온몸에 소름이 돋았다. 뒤섞인 종이 뭉치를 하나씩 살펴보니 일기인 것 같았다. 다녀온 장소와 겪었던 일, 날씨 같은 것들이 간략하게 적혀 있었다. 하지만 전부 낱장으로 흩어지는 바람에 무엇이 오래전에 쓴 일기이고, 무엇이 최근에 쓴 일기인지 알 수가 없게 되어 버렸다. 게다가 내용을 줄줄이 잘라 놓아서 더욱 알기가 어려웠다. 이를 어쩐담?

흠, 아무래도 제자리로 돌려놔야겠어.
일기를 순서대로 정리해야 할 것 같은데
어떻게 하면 좋을까?

일기를 순서대로 정리하는 방법은 다음과 같습니다.

1. 일기의 첫 부분부터 읽으며, 이야기의 시작을 파악하세요.
2. 이야기의 주요 내용과 주제를 파악하세요.

3. 일기에서 언급된 시간, 장소, 사건 등의 힌트를 활용하여 순서대로 정리하세요.

이러한 과정을 통해 일기를
시간 순서대로 정리할 수 있습니다.

아하, 그렇구나! 그럼 우선 읽어 보면서
비슷한 내용끼리 분류를 해야겠다.

오늘은 친구들이랑 홍대에서 점심으로 닭갈비를 먹었다.

그런데 붕어빵 한 개를 서비스로 얻었다.

그리고 디저트로 터키 아이스크림을 사 먹으러 갔다.

아침부터 짐을 챙겨 할머니 댁으로 출발했다.

집으로 돌아가 서비스로 받은 슈크림 붕어빵을 소희에게 나누어 주었다.

터키 아저씨가 아이스크림으로 약을 올려서 조금 화가 나긴 했지만 재미있었다.

도착한 개울가에는 겨울잠에서 깨어난 개구리들이 즐비해 있었다.

역시 말랑한 머리보다 바삭한 꼬리가 더 맛있었다.

점심에는 휴게소에 들러 알감자와 소떡소떡을 사 먹었다.

저녁에는 할머니가 해 주신 삼계탕을 맛있게 먹었다.

하굣길에 붕어빵 한 봉지를 샀다.

왜냐하면 내가 맛있게 먹는 모습이 예쁘다며 좋아하셨기 때문이다.

홍대 한가운데 놓인 벚나무 아래에서 친구들과 사진을 찍은 뒤 집으로 돌아왔다.

나는 언니의 일기를 바닥에 주욱 늘어놓았다. 그러고는 한 줄, 한 줄 읽기 시작했다. 비슷한 장소나 소재마다 하나로 모아 두었더니 어느 정도 윤곽이 잡히는 것 같았다.

오! 이건 친구들이랑 홍대에 놀러 간 날 썼던 일기인가 봐.

이건 붕어빵 먹은 날이고, 이건 다 같이 할머니 댁에 놀러 갔던 날! 그런데 이걸 어떻게 시간 순서대로 정리하지?

날짜와 시간 정보를 바탕으로 차례대로 정리하는 것이 좋습니다.

일이 일어난 차례를 나타내는 말에는 두 가지가 있습니다.

❶ 시간을 나타내는 말

봄, 여름, 오늘, 어제, 며칠 뒤, 이듬해, 아침, 점심때 등

❷ 이어지는 말

그리고, 그래서, 마침내, 그런데, 그러나, 하지만, 왜냐하면 등

1. 듣기·말하기

이를 참고하여 일기를 시간 순서대로 정리하면
각 사건이 일어난 순서를 쉽게 파악할 수 있습니다.

좋았어! 그럼 언니의 일기 중에
시간을 나타내는 말과 이어지는 말을 찾아 줄래?

❶ 시간을 나타내는 말

오늘은, 점심으로, 아침부터,
점심에는, 뒤, 저녁에는, 하굣길에

❷ 이어지는 말

그런데, 그리고, 왜냐하면

고마워, 치치야. 네가 알려 준 내용을 바탕으로
순서를 유추해 볼게.

    나는 홍대와 관련된 일기들을 차례로 살펴보았다. 언니가 홍대에서 한 일은 터키 아이스크림을 먹은 것, 친구들과 점심으로 닭갈비를 먹은 것 그리고 친구들과 벚나무 아래에서 사진을 찍은 것이다. 문장을 자세히 살펴보니 '점심', '그리고', '집으로 돌아왔다.' 같은 단어들이 눈에 띄었다. 이리저리 맞춰 보니 언니의 일과가 눈에 들어왔다.

아하! 알겠어! 언니는 점심에 홍대에서 닭갈비를 먹고 난 뒤에 디저트로 터키 아이스크림을 먹은 거야.

그러고 나서 친구들이랑 사진을 찍고 집으로 돌아온 거지!

❶ 오늘은 친구들이랑 홍대에서 점심으로 닭갈비를 먹었다.

❷ 그리고 디저트로 터키 아이스크림을 사 먹으러 갔다.

❸ 터키 아저씨가 아이스크림으로 약을 올려서 조금 화가 나긴 했지만 재미있었다.

❹ 홍대 한가운데 놓인 벚나무 아래에서 친구들과 사진을 찍은 뒤 집으로 돌아왔다.

네, 맞는 방법으로 정리하셨네요!

좋았어, 이제 두 번째. 붕어빵에 관련된 일기를 살펴볼까?

1. 듣기·말하기

그날 일을 떠올려 보면 아침에 할머니 댁으로 출발해서 휴게소를 들린 뒤에 개울가로 놀러 갔어. 할머니가 해 주신 저녁을 맛있게 먹고 따뜻한 아랫목에 누워 잠들었지.

❶ 아침부터 짐을 챙겨 할머니 댁으로 출발했다.

❷ 점심에는 휴게소에 들러 알감자와 소떡소떡을 사 먹었다.

❸ 도착한 개울가에는 겨울잠에서 깨어난 개구리들이 즐비해 있었다.

❹ 저녁에는 할머니가 해 주신 삼계탕을 맛있게 먹었다.

❺ 우리는 부른 배를 두드리며 따뜻한 아랫목에 누워 잠들었다.

와, 다 됐다! 드디어 일기 내용을 순서대로 정리했어!

정말 멋져요! 이제 언니에게 일기를 돌려주시면 언니도 기분 좋게 넘어갈 수 있을 거예요.

1. 듣기·말하기

그렇겠지? 헉, 잠깐만!

무슨 일이에요? 어떤 문제가 있나요?

각 사건별로는 정리가 끝났지만,
아직 세 일기 중에 어떤 게 예전에 일어난 일이고,
어떤 게 최근에 일어난 일인지 모르잖아.

그렇다면 일기에 날짜나 시간을 기록해 둔 것이 있나요?
그것을 보고 어떤 일이 최근에 일어난 일인지,
어떤 일이 예전에 일어난 일인지 파악할 수 있을 거예요.

만약 날짜나 시간을 기록하지 않았다면,
내용을 다시 읽어 보며 상황을
파악해 보는 것도 좋은 방법입니다.

나는 언니의 일기를 다시 차근히 읽어 보기 시작했다. 홍대에 놀러 간 날과 붕어빵을 사 먹은 날, 그리고 할머니 댁에 간 날 중 어떤 게 먼저 일어난 일일까?

치치야, 언니의 일기 중에서
계절을 나타내는 표현만 찾아 줄래?

> 계절과 관련된 표현으로는
> 겨울잠에서 깨어난 개구리, 벚나무, 붕어빵이 있습니다.

> 아, 알겠다! 붕어빵을 사 먹은 게
> 가장 오래된 일이고, 그다음이 할머니 댁에 간 거,
> 그다음이 홍대에 놀러 간 거야!

> 왜냐하면 할머니 댁에 놀러 갔을 때는
> '개구리가 깨어났다'고 적혀 있어.
> 이제 막 봄이 되었다는 뜻이지.

> 홍대에 놀러 간 날은 '벚꽃이 만개'했다고 적혀 있고.
> 이건 완연한 봄이 되었다는 뜻이야.

> 그러니까 겨울 간식인 붕어빵을 파는 날이
> 가장 과거인 셈이지.

> 정확히 이해하셨네요! 차례를 나타내는 말을
> 알고 있으면 사건의 순서를 파악하는 일도
> 어렵지 않을 수 있습니다.

나는 치치의 도움을 받아 무사히 언니의 일기를 순서대로 돌려놓았다. 방을 빠져나가려는데 때마침 언니가 방문을 벌컥 열고 들어왔다.

1. 듣기·말하기

"야, 너 내 방에서 뭐 해?"

"어? 아, 아무것도 아니야! 근데 언니 친구들이랑 놀러 간다고 하지 않았어?"

"떡볶이만 먹고 그냥 헤어졌어. 내일 수행 평가가 있어서."

"그렇구나. 알겠어. 그럼 쉬어!"

나는 서둘러 방을 빠져나왔다. 언니는 내가 일기를 뒤죽박죽으로 만들었다가 다시 원래대로 돌려놓았다는 사실을 꿈에도 모르는 것 같았다. 치치가 아니었다면 정말 큰일 났겠지?

INFORMATION

책이나 교과서를 읽다가 모르는 단어가 생겼다면 대화형 인공지능에게 물어볼 수 있어요. 그뿐만 아니라 글 안에서 흉내 내는 말, 시간을 나타내는 말, 꾸며 주는 말처럼 특정 단어들을 찾아내서 공부할 수도 있답니다.

교과 연계

2학년 1학기 | 차례를 나타내는 말을 생각하며 이야기 듣기
2학년 2학기 | 겪은 일을 차례대로 정리하기
3학년 1학기 | 원인과 결과 알기, 원인과 결과에 따라 이야기하는 방법 알기
4학년 1학기 | 그림의 차례를 정해 이야기 꾸미기
6학년 1학기 | 이야기 속 사건의 흐름 살펴보기

1. 듣기 · 말하기

학습 포인트

저학년 짧은 글, 띄어 읽기, 인물의 처지 짐작하기, 정보 전달 및 설득

고학년 중심 생각 파악, 내용 간추리기, 사실과 의견 구별, 글의 구조, 타당성·적절성 평가

읽기 2

똑같은 문장도 다르게 읽혀!
띄어 읽기의 중요성에 대해 알아보기

오늘따라 교실이 소란스러웠다. 가까이 다가가 보니 지수와 예솔이가 말다툼을 하고 있었다.

2. 읽기

"내 말이 맞다니까?"
"아니라고! 네가 잘못 생각한 거야!"

나는 허겁지겁 두 사람 사이를 갈라놓았다. 무슨 일인지 묻자 지수가 씩씩대며 종이 한 장을 보여 주었다. 그곳에는 짤막한 문장 하나가 적혀 있었다. '어서들어가자.' 이게 무슨 뜻인지 묻자 지수가 말했다.

"얼른 들어가자는 뜻이잖아. 봐봐. 어서, 들어가자."

그러자 예솔이가 지수를 노려보며 말했다.

"너 진짜 바보니? 이건 빨리 가서 자라는 뜻이라고. 어서, 들어가, 자! 내 말이 맞지?"

두 사람이 동시에 나를 바라보았다. 나는 아무 말도 할 수가 없었다. 지수의 말도, 예솔이의 말도 일리가 있었기 때문이다. 문장을 한참 들여다보던 나는 머리를 긁적이며 답했다.

"어…… 글쎄? 근데 나는 또 다르게도 읽을 수 있을 것 같아. 어서, 들어, 가자. 이렇게 말이야. 얼른 들고 가자는 뜻이지."

내 말에 지수와 예솔이는 황당하다는 표정을 지었다. 분명 똑같은 문장인데 왜 전부 다른 뜻으로 읽히는 걸까?

> 치치야. 같은 문장이 전부 다른 의미로 읽히는 이유가 뭐야?

> 한글 문장은 어디서 띄어 읽는지에 따라 다른 의미로 들릴 수 있습니다.

> 띄어 읽는다고? 그게 뭔데?

> 띄어 읽기란 의미를 가진 단위별로 띄어서 읽는 것을 말합니다.

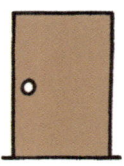

> 예를 들어 '아버지가방에들어가신다'라는 문장을 올바르게 읽을 경우 '아버지가 방에 들어가신다'로 읽을 수 있습니다.

> 하지만 잘못 띄어 읽을 경우 '아버지 가방에 들어가신다'로 읽혀 원래의 문장과 다른 의도가 될 수 있습니다.

> 아하! 그렇구나.

2. 읽기

그럼 우리가 얘기했던 '어서들어가자'는 몇 가지 방식으로 띄어 읽을 수 있지?

'어서들어가자'는 다음과 같이 세 가지 방식으로 띄어 읽을 수 있습니다.

❶ 어서 들어가자

누군가와 함께 어떤 곳에 들어가야 할 때 사용하기 좋은 표현입니다.

❷ 어서 들어가 자

누군가에게 들어가서 잠을 자라는 의미나 먼저 들어갈 것을 권유하는 표현으로 사용될 수 있습니다.

❸ 어서 들어 가자

'들어'와 '가자'라는 두 개의 명령어로 구성된 문장으로 무언가를 들고 이동하자는 의미입니다.

어디서 띄어 읽는지에 따라 뜻이 이렇게나 달라질 수 있다니! 한글의 신비함에 감탄하고 있는데, 설명을 듣던 예솔이가 치치에게 물었다.

그럼 셋 중에 어떤 게 정답이야?

세 문장 중 어떤 것이 정답이라고 말하기는 어렵습니다. 문장을 사용하는 상황이나 말하는 사람의 의도에 따라 어떻게 읽을지가 달라질 수 있기 때문입니다.

말도 안 돼! 세상에 정답이 없는 문제가 어디 있니? 그럼 평생 헷갈리며 살아야 한다는 얘기야?

이러한 경우에는 상황과 맥락에 따라 적절히 띄어 읽어야 합니다.

기본적인 띄어쓰기 규칙을 숙지한 뒤 주의를 집중해서 읽으면 헷갈리지 않고 정확하게 읽을 수 있습니다.

하지만 이 문장은 애초에 띄어쓰기가 잘 되어 있지 않다고. 봐, 전부 한 단어처럼 붙어있는 거.

이러한 경우 문장의 구조를 파악하는 것이 더욱 중요합니다.

'어서들어가자'라는 문장에서 주어, 목적어, 서술어 등을 찾아내어 의미를 파악해야 합니다.

2. 읽기

주어, 목적어, 서술어가 뭔데?

주어, 목적어, 서술어는 각각 다음과 같은 역할을 합니다.

주어

누가 어떤 행동을 하는지 나타내는 말로 '나는 공부한다.'에서 '나'가 주어입니다.

목적어

'무엇을', '누구를'에 해당하는 말로 '나는 사과를 먹었습니다.'에서 '사과를'이 목적어입니다.

서술어

문장의 맨 마지막에 오는 말로 주어가 어떠했는지, 무엇인지를 설명해 주는 부분입니다. '새가 나뭇가지에 앉았습니다.'에서 '앉았습니다.'가 서술어입니다.

나는 종이에 적힌 문장을 물끄러미 바라보았다. 하지만 '어서들어가자'는 주어도, 목적어도 없이 서술어로만 적혀 있어서 어떤 의미인지 파악하는 것이 쉽지 않았다. 한참 고민하던 나는 지수와 예솔이를 향해 말했다.

"아무리 생각해도 이건 우리 잘못이 아니야. 애초에 이 문장을 쓴 사람이 띄어쓰기를 잘 해서 적었다면 우리가 각각 다르게 띄어 읽을 일도 없었을 거 아니야?"
"그건 그래. 하다못해 쉼표 하나만 찍혀 있었어도 읽기 쉬웠을 텐데."

예솔이의 말에 지수가 고개를 갸웃 기울였다. 쉼표가 있으면 무엇이 달라지는지 묻자 예솔이는 말을 더듬었다. 분명 알긴 하는데 정확히는 모르는 눈치였다. 결국 내가 나서서 치치에게 질문했다.

'어서들어가자'라는 문장을 읽을 때 쉼표가 있었다면 무엇이 달라졌을까?

쉼표를 넣으면 '어서, 들어가자'로 읽히게 됩니다.

이 경우 '들어가자'를 강조하여
문장의 의도를 더욱 분명하게 전달할 수 있습니다.
'어서 들어가, 자.' 또는 '어서 들어, 가자.' 역시 마찬가지로
쉼표와 같은 문장 부호의 위치에 따라
의미가 달라질 수 있습니다.

2. 읽기

문장 부호라고?

문장 부호란 글의 뜻을 명확하게 하기 위해 추가하는 부호로 쉼표, 느낌표, 마침표, 물음표 등이 있습니다.

아하! 그것들을 전부 묶어서 문장 부호라고 부르는구나.

네, 그렇습니다. 문장을 알맞게 띄어 읽기 위해서는 쉼표는 조금 쉬어 읽고, 마침표, 느낌표, 물음표는 쉼표보다 조금 더 쉬어 읽어야 합니다.

치치의 설명을 잠자코 듣던 지수가 주먹을 불끈 쥐었다. 앞으로는 결코 헷갈리는 일이 없도록 문장 부호를 꼭 붙이겠다며 굳은 결의를 보였다. 나 역시도 의미를 정확하게 전달하려면 띄어쓰기와 띄어 읽기, 그리고 적절한 문장 부호가 중요하다는 사실을 다시 한번 깨달았다. 한글은 왜 이렇게 쉽고도 어려운 걸까? 나도 치치처럼 똑똑했으면 좋겠다.

INFORMATION

한글은 아주 쉬운 문자이지만 한국어는 생각보다 굉장히 어려운 언어예요. 띄어쓰기나 사소한 문장 부호 하나에도 그 의미가 크게 달라지거든요. 본문에 나온 '아버지가방에들어가신다'처럼 말이에요. 만약 글을 읽거나 쓸 때 문법적으로 헷갈리는 부분이 있다면 대화형 인공지능에게 물어보세요. 더 자연스러운 표현으로 바꿀 수 있도록 도와줄 거예요. 숙제를 다 마친 후에 대화형 인공지능을 통해 맞춤법 검사를 해 보는 것도 좋은 활용 방법이겠죠?

교과 연계

1학년 1학기 ▎ 소리 내어 또박또박 읽기
1학년 2학기 ▎ 글을 바르게 띄어 읽기, 글을 바르게 띄어 읽는 방법 알기
2학년 1학기 ▎ 소리가 비슷한 낱말에 주의하며 글 읽기
3학년 1학기 ▎ 낱말의 뜻을 생각하며 글 읽기
5학년 1학기 ▎ 문장을 구성하는 성분 알기

무슨 이야기를 하는 걸까?
글을 읽고 중심 생각 파악하기

한 달 전, 담임 선생님은 반 아이들 모두에게 책 한 권을 나누어 주셨다. 〈아야! 지구가 아파요!〉라는 제목이 커다랗게 적힌 책 표지에는 엉엉 울고 있는 지구가 그려져 있었다.

"여러분. 오늘부터 한 달 동안 이 책을 읽어 볼 거예요. 학교에서 읽어도 좋고, 집으로 가져가서 읽어도 좋아요. 하루에 몇 쪽씩 읽어야 하는지도 자유롭게 정하면 된답니다. 하지만 31일이 되었을 때 정말로 잘 읽었는지 쪽지 시험을 볼 거니까 잊지 말고 꼭 끝까지 읽도록 하세요. 할 수 있겠죠?"

나는 자신만만하게 '네!' 하고 대답했다. 90쪽짜리 책이니 하루에 세 쪽씩만 읽으면 되었기 때문이다. 하지만 매일매일 책을 읽는 건 쉽지 않은 일이었다. 어제는 친구들이랑 노느라, 오늘은 수학 숙제를 해야 해서, 내일은 어쩐지 감기 기운이 있을 것만 같아서. 차일피일 미루다 보니 31일이 되기 반나절 전이었다.

"으악! 큰일 났다, 어떡하지?!"

시시각각 줄어드는 시간을 바라보며 발을 동동 굴렀다. 그때 머릿속에 전구 하나가 반짝! 떠올랐다.

"아, 그래! 치치한테 물어보면 되지!"

치치야. 〈아야! 지구가 아파요!〉라는 책의 줄거리를 간단하게 줄여 줘.

2. 읽기

죄송하지만 〈아야! 지구가 아파요!〉는
실제로 존재하지 않는 책입니다.

뭐라고? 하지만 내가 그 책을 가지고 있는걸?

만약 〈아야! 지구가 아파요!〉라는 책을
가지고 계신다면 판매되거나 출판된 책이 아닌
누군가가 직접 만든 책이나 자료일 수도 있습니다.

나는 책을 이리저리 살펴보았다. 그러고 보니 책 표지에는 제목만 덩그러니 적혀 있을 뿐 지은이도, 출판사도 적혀 있지 않았다. 혹시 선생님께서 직접 만드신 책일까? 그렇다면 더 큰 일이었다. 인터넷에 검색해도 줄거리를 찾을 수가 없을 테니까.

치치야, 진짜 큰일 났어. 내가 오늘 안에
책 한 권을 다 읽어야 하는데 어떻게 하지?

책을 하루 안에 모두 읽는 것은
힘든 일일 수 있지만 다음과 같은 방법을
따르면 가능합니다.

> ❶ 집중하세요. 방해되지 않는 조용한 장소에서 책을 읽는 것이 중요합니다.
>
> ❷ 요약하세요. 책의 목차를 먼저 읽으면 전반적인 내용을 파악할 수 있습니다.
>
> ❸ 메모하세요. 책을 읽으며 중요한 단어나 중심 문장을 메모하며 빠르게 읽으면 나중에 내용이 헷갈릴 때 다시 참고할 수 있습니다.

나는 치치가 시키는 대로 텔레비전을 끄고, 방문을 꼭 닫았다. 그리고 책장을 펼쳐 목차를 살펴보았다. 목차는 크게 세 부분으로 나뉘어 있었다.

❶ 물이 오염돼요   ❷ 공기가 오염돼요   ❸ 땅이 오염돼요

목차를 살펴보니까 물과 공기
그리고 땅이 오염되는 내용으로 구성된 것 같아.

책의 제목 자체가 지구의 아픔을 강조하고 있기 때문에
지구 환경에 대한 걱정과 이를 해결하기 위한
방안에 대한 내용도 포함되어 있을 수 있습니다.

오, 정말 그렇겠네.
그럼 이제 책을 읽을 차례인데…….

중요한 단어를 찾으라고 했지?
그건 어떻게 찾아야 하는 거야?

중심 낱말은 제목이나 목차 등에서
자주 사용되는 단어를 찾아보는 것이 좋습니다.

나는 책 표지와 목차를 번갈아 살펴보았다. '오염'과 '지구'라는 단어가 반복적으로 사용되고 있었다.

아하! 알겠다. 치치 네 말대로
지구가 오염되는 내용에 관한 책이네.
그럼 중심 문장은 어떻게 찾아?

문장은 생각이나 감정을 말로 표현할 때 완결된 내용을 나타내는 최소 단위입니다.

이러한 문장이 모여 하나의 문단이 되는데, 그 문단에서 가장 중요한 내용을 담고 있는 것이 바로 중심 문장입니다.

그렇구나. 중심 문장은 몇 개나 찾아야 해?

 보통 중심 문장은 한 문단에 하나씩 존재하며, 중심 문장 외의 나머지 문장은 뒷받침 문장이라고 부릅니다. 중심 문장을 좀 더 이해하기 쉽게 하기 위하여 예를 들거나 까닭을 들어 자세히 설명하는 문장이기 때문입니다.

그러니까 정리해 보자면 하나의 글은 여러 개의 문단으로 이루어져 있고, 그 문단은 한 개의 중심 문장과 여러 개의 뒷받침 문장으로 이루어져 있는 거네!

네, 맞습니다. 몇 개의 문단으로 나누어져 있는지 살펴본 뒤 중심 문장을 파악하면 글에서 하고 싶은 말이 무엇인지 알 수 있습니다.

잘 알겠어! 그럼 지금부터 글을 읽어 볼게.

나는 책장을 펼쳐 첫 번째 목차인 '물이 오염돼요'를 읽어 나가기 시작했다.

물이 오염돼요

물은 쉽게 오염됩니다. 우리가 세제를 필요 이상으로 많이 사용하거나 오염된 물을 마구 버리면 물이 오염되고 말죠. 가정에서뿐만 아니라 공장에서 사용된 후 버려진 폐수 역시 하천과 강으로 흘러들어 물을 오염시킨답니다.

오염된 하천은 다른 환경 오염의 원인이 되기도 해요. 오염된 하천을 먹고 자란 식물과 동물은 쉽게 병들고, 병든 식물과 동물을 먹고 사는 우리 역시 마찬가지로 쉽게 병들게 되죠. 또한, 하천이 흘러 바다로 가면 바다가 오염됩니다. 오염된 바다는 그 속에 사는 수많은 물고기를 아프고 병들게 만든답니다.

하천과 바다를 깨끗하게 보호하기 위해서는 우리가 조금씩 노력해야 해요. 세제나 샴푸를 적게 사용하고, 음식물은 남김없이 먹어야 하죠. 깨끗한 물을 낭비하지 않도록 수도꼭지를 잘 잠그거나 샤워 시간을 줄이는 것도 도움이 된답니다.

나는 가장 먼저 들여쓰기가 된 곳에 동그라미를 그렸다. 동그라미가 하나, 둘, 셋. '물이 오염돼요'는 모두 세 문단으로 되어 있었다. 다음은 중심 문장을 찾을 차례였다. 첫 번째 문단에서는 물이 왜 오염되는지, 두 번째 문단에서는 물이 오염되면 어떤 일이 벌어지는지, 세 번째 문단에서는 물이 오염되는 것을 예방할 수 있는 방법을 소개하고 있었다.

내 생각에 중심 문장은 이렇게 세 가지인 것 같아.

1. 물은 쉽게 오염됩니다.

2. 오염된 하천은 다른 환경 오염의 원인이 되기도 해요.

3. 하천과 바다를 깨끗하게 보호하기 위해서는 우리가 조금씩 노력해야 해요.

중심 문장을 잘 추렸네요!

그런데 중심 문장이 전부 맨 앞에 있네? 중심 문장은 항상 문단의 맨 앞에 오는 거야?

> 중심 문장이 언제나 문단 맨 앞에 오는 것은 아닙니다. 문단의 앞에 있는 경우가 많지만 내용을 강조하기 위해 중간이나 마지막에 위치하기도 합니다.

아하, 그렇구나! 얼른 나머지도 읽고 중심 문장을 찾아봐야겠어!

나는 책을 빠르게 읽어 나갔다. 중요한 단어와 중심 문장에 표시를 하며 읽었더니 책을 전부 다 읽지 않아도 어떤 내용인지 이해가 됐다. 평소였다면 책 한 권을 다 읽는 데 하루는 꼬박 걸렸을 테지만, 치치가 알려 준 방법을 활용하니 한 시간도 되지 않아 90쪽을 다 읽을 수 있었다.

다음 날, 담임 선생님은 예정대로 쪽지 시험지를 나누어 주셨다. 나는 잔뜩 긴장한 채 시험 문제를 풀기 시작했다. 이 책의 주제는 무엇일까요?, 물은 왜 오염될까요?, 환경을 보호하려면 우리는 어떻게 해야 하나요? 문제를 읽자마자 어젯밤 치치와 함께 정리한 내용들이 선명하게 떠올랐다. 막힘없이 정답을 적어 내려간 뒤 채점 결과를 기다렸다.

"우리 반에서 유일하게 쪽지 시험에서 만점을 받은 친구가 있네요?"

나는 침을 꿀꺽 삼켰다. 설마, 설마……!

"소희야, 책을 열심히 읽었나보구나? 대단하다. 우리 소희에게 다 같이 박수 한 번 쳐줄까요?"

선생님의 말씀이 끝나기가 무섭게 친구들의 박수 세례가 쏟아졌다. 부끄럽기도 하고, 뿌듯하기도 해서 수줍은 얼굴로 웃었다. 내가 벼락치기로 책을 읽었다는 건 아무도 모르는 눈치였다. 이 세상에서 치치와 나, 단둘만 아는 비밀이 하나 더 생겼다.

INFORMATION

글을 읽을 때 가장 중요한 일 중 하나는 바로 맥락을 파악하는 일이에요. 대화형 인공지능은 지금까지 한 대화를 바탕으로 가장 알맞은 정보를 전달해 준답니다. 어떤 상황에 처해 있는지, 지금 필요한 것은 무엇인지 자세히 설명해 준다면 원하는 답을 더욱 빨리 얻을 수 있을 거예요.

교과 연계

3학년 1학기 | 중요한 내용 파악하기

3학년 2학기 | 글을 읽고 중심 생각을 찾을 수 있는지 확인하기, 이야기 속 인물의 마음을 헤아리며 글 읽기

4학년 1학기 | 이야기의 흐름에 따라 내용 간추리기, 들은 내용 간추리기

5학년 2학기 | 글을 요약하는 방법 알기

6학년 1학기 | 이야기 구조를 생각하며 요약하기

어떤 게 사실이고, 어떤 게 의견이지?

사실과 의견 구별하기

오랜만에 온 가족이 영화를 보러 나왔다. 팝콘도 사고, 나초도 사고, 콜라도 사고! 사 온 간식들을 먹으며 영화가 시작되기만을 기다리는데 언니가 팔꿈치로 내 옆구리를 쿡쿡 찔렀다.

"야, 그렇게 많이 먹지 마."
"왜?"
"왜긴 왜야. 영화 보다가 중간에 화장실 가고 싶어지면 어떡해."
"에이, 걱정 마. 이까짓 거 얼마나 된다고?"

내가 콜라를 쭈욱 빨아들이자 언니가 고개를 설레설레 저었다. 얼마 지나지 않아 우리는 상영관 안으로 들어갔다. 관객이라고는 우리 가족뿐이어서 마치 영화관을 통째로 빌린 기분이었다. 지루한 광고 시간이 지나고, 영화가 시작되자 나는 넋을 놓고 스크린을 바라보았다. 화면 안에서는 집채만 한 킹콩이 뛰어나와 정글을 누비고 있었다.

 사냥꾼이 다가와 킹콩에게 총을 겨누던 그때! 배가 묵직해지더니 다리가 배배 꼬였다. 나는 언니의 귓가에 대고 아주 작은 목소리로 속삭였다.

 "언니! ……나 화장실 가고 싶어."
 "뭐? 지금? 그러게 콜라 많이 마시지 말라니까!"
 "같이 가주면 안 돼?"
 "아이, 안 돼. 지금 중요한 장면이란 말이야. 얼른 갔다 와."

 언니는 귀찮다는 듯 손을 휘휘 내저었다. 나는 별수 없이 컴컴한 계단을 지나 상영관 밖으로 뛰쳐나왔다. 모퉁이를 돌면 바로 보이는 곳에 화장실이 있었다. 얼른 볼일을 보고 들어가려 걸음을 재촉하는데, 이럴 수가! 다른 상영관에서 방금 막 영화가 끝났는지 화장실 앞으로 줄이 길게 늘어서 있었다. 한참을 서서 기다리는데 언니에게서 문자 한 통이 도착했다.

> 야, 너 어디야? 왜 이렇게 안 와?

   시간이 지나도 내가 돌아오지 않자 퍽 걱정이 된 모양이었다. 그러게, 같이 좀 가 달라니까. 나는 벽에 기대어 선 채 언니에게 답장을 보냈다.

> 아직 화장실. 사람이 너무 많아.

> 영화 재밌어?

> 어, 엄청 재밌어. 빨리 와.
> 지금 중요한 내용 다 지나가고 있다고.

   언니의 문자를 보니 가뜩이나 급한 마음이 더욱 쪼그라들었다. 너무 많은 시간이 지나기 전에 상영관으로 되돌아가야 했다. 그렇지 않으면 뒤쪽에 나오는 내용을 하나도 이해하지 못한 채 영화가 끝날 수도 있으니까.

2. 읽기

무슨 내용인데? 나도 알려 줘. ㅠㅠ

말하자면 길어.

요약해서 알려 주면 되잖아!
나도 궁금하다고!

언니는 한동안 답장이 없었다. 영화에 푹 빠져 답장하는 걸 잊어버린 걸까? 실망스러운 마음에 한숨을 푹 내쉬는데 때마침 진동이 울렸다. 휴대폰을 확인해 보니 언니로부터 장문의 문자가 도착해 있었다.

킹콩에 이어서 공룡이 등장했어.
킹콩이 공룡을 머리 위로 들어 올린 후에 바닥으로
내동댕이치려던 순간! 다른 공룡이 달려와서
킹콩의 옆구리를 물어뜯었어. 저런 나쁜 공룡!
킹콩은 피를 흘리며 바닥으로 쓰러졌어.
조금 더 빨리 움직여서 공격을 피했어야 해.
쓰러진 킹콩을 향해 누군가가 달려오고 있어.
사냥꾼과 함께 섬을 찾아온 사람인가 본데?
황금빛 머리와 파란색 눈동자가 정말 예쁜 여인이야.

> 여인은 주위를 두리번거리기 시작했어. 그러더니 주위에 있는 풀을 뜯어서 킹콩의 상처를 덮어 주었어. 오, 순간 화면이 까맣게 변하더니 흑백으로 변했어. 실험실이고, 지금보다 조금 더 어려 보이는 모습의 여인은 흰 가운을 입고 있어. 여인이 작은 고릴라를 안고 있네? 아주 오래전부터 저 킹콩과 여인이 서로 아는 사이였나 봐! 정말 충격적인 장면이다······.

　잠깐, 이 중에 어떤 게 실제 영화 내용이고, 어떤 게 언니의 생각이지? 나는 다급히 치치를 불렀다.

> 치치야. 언니한테 영화 줄거리를 이야기해 달라고 했는데 실제 영화 내용과 언니의 생각이 뒤죽박죽 섞여 있는 것 같아.

> 영화 줄거리는 주로 사실적인 내용을 담고 있으며, 언니의 생각은 그것을 바탕으로 나타난 주관적인 의견입니다.

> 사실과 의견이 섞여 있다면 주관적 의견으로 인해 실제 영화 내용을 잘못 이해할 수도 있으며, 신뢰성이 있는 정보인지 판단하기 어렵습니다.

2. 읽기

그렇구나. 그럼 어떻게 해야 둘을 구분할 수 있을까?

사실과 의견을 구분하기 위해서는
단어나 표현의 차이를 살펴보아야 합니다.

영화 줄거리에서는 주로 사실적인 내용을 다루는 데 반해,
글쓴이의 생각에서는 주관적인 표현이 많이 사용됩니다.
따라서 꾸며 주는 말이 포함되어 있다면
언니의 생각일 가능성이 높습니다.

꾸며 주는 말이 뭔데?

꾸며 주는 말이란 뒤에 오는 말을 꾸며 주어
그 뜻을 자세하게 설명해 주는 말을 뜻합니다.

예를 들어 '맛있는 사과'에서 '맛있는'처럼
상태를 설명해 주거나 '쨍쨍', '살랑살랑'처럼 모습
또는 동작을 흉내 내는 말을 꾸며 주는 말이라고 부릅니다.

아하, 그렇구나!

언니가 보낸 문자 속에서
꾸며 주는 말을 찾아봐야겠다.

킹콩에 이어서 공룡이 등장했어.
킹콩이 공룡을 머리 위로 들어 올린 후에 바닥으로
내동댕이치려던 순간! 다른 공룡이 달려와서
킹콩의 옆구리를 물어뜯었어. 저런 나쁜 공룡!
킹콩은 피를 흘리며 바닥으로 쓰러졌어.
조금 더 빨리 움직여서 공격을 피했어야 해.
쓰러진 킹콩을 향해 누군가가 달려오고 있어.
사냥꾼과 함께 섬을 찾아온 사람인가 본데?
황금빛 머리와 파란색 눈동자가 정말 예쁜 여인이야.
여인은 주위를 두리번거리기 시작했어.
그러더니 주위에 있는 풀을 뜯어서 킹콩의 상처를
덮어주었어. 오, 순간 화면이 까맣게 변하더니
흑백으로 변했어. 실험실이고, 지금보다 조금 더
어려 보이는 모습의 여인은 흰 가운을 입고 있어.
여인이 작은 고릴라를 안고 있네? 아주 오래전부터
저 킹콩과 여인이 서로 아는 사이였나 봐!
정말 충격적인 장면이다…….

내가 찾은 꾸며 주는 말은 이 정도야.
나쁜, 예쁜 그리고 충격적인.

이 세 문장은 언니의 의견인 게 확실한데,
나머지는 전부 사실일까?

'조금 더 빨리 움직여서 공격을 피했어야 해.'
이 문장도 의견입니다.

2. 읽기

> 빠르게 움직여서 공격을 피하는 것은 킹콩이 할 수 있는 선택지 중 하나지만 절대적인 사실은 아닙니다.

> 또한 '아주 오래전부터 저 고릴라와 여인이 서로 아는 사이였나 봐!' 역시 의견에 가깝습니다. 여인과 고릴라가 아는 사인지에 대한 정보가 아직 제공되지 않았기 때문입니다.

치치의 말이 맞았다. 정말로 여인과 고릴라가 아는 사이일 수도 있지만, 영화는 아직 많이 남아있기에 또 다른 반전이 숨겨져 있을지도 모를 일이었다. 언니의 의견을 빼고, 실제 영화의 내용만 정리하자면 킹콩과 공룡이 싸우던 도중 킹콩이 다쳤고, 그 킹콩을 여인이 와서 돌봐 준 것 같았다. 그런데 여인은 왜 풀을 뜯어서 킹콩의 상처를 덮어 주었을까?

> 치치야. 영화 속 여인은 왜 풀을 뜯어서 킹콩의 상처를 덮어 준 거지?

> 문맥상으로는 여인이 킹콩을 도와주기 위해 상처를 치료하고자 하는 것으로 추정됩니다.

그 풀이 치료제라는 건 어떻게 알았는데?

주어진 정보로는 여자가 어떤 사람인지 정확히 알 수 없지만 과거 실험실에 있었다는 것과 흰 가운을 입고 있었다는 점으로 미루어 볼 때 여인은 실험을 하거나 연구를 하는 사람일 가능성이 높습니다.

헉! 설마 과학자인 걸까?

정확히는 알 수 없지만 그럴 가능성이 높아 보입니다.

그렇다면 정말 언니 말대로 과학 실험을 통해 평범한 고릴라를 킹콩으로 만든 것일 수도 있겠다.

그런데 치치야. 너는 실험실 장면이 과거라는 사실을 어떻게 안 거야?

영화에서는 과거나 미래처럼 시간대가 다른 장면을 보여 줄 때 화면이 일시적으로 까맣게 변하거나 회색으로 바뀌는 경우가 많습니다.

언니의 문자 내용 중 '오, 순간 화면이 까맣게 변하더니 흑백으로 변했어.'라는 문장을 통해 여인과 고릴라가 실험실에 있는 장면이 현재가 아닌 과거임을 유추해 볼 수 있습니다.

오, 정말 신기하다. 영화에서는 과거 일화를 보여 줄 때 장면을 전환하거나 색을 바꾸는구나.

내가 읽었던 소설이나 동화책에서는 '한때', '오래전', '지난번 일'처럼 과거를 나타내는 단어를 사용해서 지금 설명하는 내용이 과거의 일이라는 사실을 알려 줬던 것 같은데.

네, 그렇습니다. 소설이나 동화책의 경우 글로 이루어져 있기 때문에 시각적인 전환 효과를 사용할 수 없어서 특정 단어를 사용하게 됩니다.

소설이랑 영화는 왜 표현 방법이 다른 거야?

우리 주변에는 여러 가지 매체 자료가 있습니다. 잡지나 신문과 같은 인쇄 매체 자료, 영화나 뉴스 같은 영상 매체 자료, 휴대폰 메시지나 메신저 같은 인터넷 매체 자료까지 크게 세 가지로 구분됩니다.

> 각 매체 자료는 각기 다른 방법으로 정보를 전달하며, 따라서 이를 읽을 때도 조금씩 다른 방법을 활용해야 합니다.

❶ 인쇄 매체 자료

글, 그림, 사진 등을 사용하므로 내용을 머릿속으로 떠올리며, 꼼꼼히 확인하면서 읽어야 합니다.

❷ 영상 매체 자료

영상, 소리, 자막 등 다양한 연출 방법이 사용되므로 표현에 활용한 요소들이 각각 무엇을 나타내는지 생각하며 감상해야 합니다.

❸ 인터넷 매체 자료

인쇄 매체 자료와 영상 매체 자료에서 사용하는 방식을 모두 사용하고 있으므로 내용을 꼼꼼히 확인함과 동시에 각 요소가 무엇을 나타내는지 생각해야 합니다.

> 소설과 영화가 서로 다른 특성을 지니고 있어서 그런 거였구나!

2. 읽기

그때, 드디어 내 차례가 되었다. 나는 한참을 기다려서야 볼일을 보고 상영관으로 되돌아갔다. 영화 속에서는 클래식 음악과 함께 킹콩과 여인이 부둥켜안고 있었다. 나는 자리에 앉자마자 언니에게 귓속말을 걸었다.

"언니, 어떻게 됐어?"
"저 여인이 사실 과학자인데, 고릴라를 킹콩으로 만드는 실험을 했었나 봐. 뒤늦게 후회하면서 화해하는 중이야."

치치와 함께 예상했던 대로 여인은 과학자였다. 얼마 지나지 않아 엔딩 크레딧이 올라가며 영화는 끝이 났다. 영화를 처음부터 끝까지 보지 못한 것이 아쉬웠지만 그래도 치치 덕분에 내용을 파악하는 데에는 어려움이 없어서 다행이었다. 다음부터는 꼭! 영화 보기 전에 콜라를 많이 마시지 말아야겠다.

INFORMATION

개인화란 그 사람에게 꼭 맞는 '맞춤형' 서비스를 일컫는 말인데요. 대화형 인공지능의 가장 큰 장점은 바로 이 개인화가 가능하다는 것입니다. 실제로 겪었던 일이나 최근 들어 가장 재미있었던 사건을 대화형 인공지능에게 이야기해 주고, 이를 바탕으로 여러 가지 문제들을 만들어 보세요. 나의 경험이 담겨 있으니 이해하기도 쉽고, 기억하기도 쉬울 거예요.

교과 연계

1학년 2학기 | 인물의 모습과 행동을 상상하며 이야기 듣기
2학년 1학기 | 인물의 마음을 상상하며 글 읽기, 꾸며 주는 말을 사용하면 좋은 점 알기
4학년 1학기 | 사실과 의견의 차이점 알기
5학년 1학기 | 인물의 생각 알아보기, 아는 지식을 활용해 글 읽기
5학년 2학기 | 여러 가지 매체 자료 알기, 매체 자료의 특성을 생각하며 알맞은 방법으로 읽기
6학년 1학기 | 내용을 추론하며 읽기

96-97

학습 포인트

저학년 주변 소재, 겪은 일, 의견이나 마음 표현

고학년 설명글, 주장글, 감상글, 목적과 주제를 고려한 내용과 매체 선정

3 쓰기

일기에는 뭘 써야 하지?

경험을 사건으로 나열하고 일기 쓰기

    나는 죽었다 깨어나도 하기 싫은 일이 몇 가지 있다. 예를 들면 과자 먹고 손 씻기, 집에 오자마자 숙제하기, 언니 말 잘 듣기. 그중에서도 가장 싫어하는 일은 바로 일기 쓰기다. 오늘 어떤 일이 있었는지 쓰라는데 매일 똑같은 시간에 일어나서, 똑같이 학교 가고, 똑같이 삼시세끼 밥을 먹는 탓에 쓸 거리가 부족하기 때문이다. 그런데 바로 오늘, 선생님께서 일기를 써 오라는 숙제를 내주셨다. 대체 일기 같은 건 왜 써야 하는 거지?

3. 쓰기

치치야. 선생님께서 또, 또! 일기를 써 오라고 하셨어. 도대체 일기 같은 건 왜 써야 하는 거야?

첫째, 일기를 쓰면 자신의 감정과 생각을 정리할 수 있습니다.

둘째, 적어 둔 일기를 보면서 과거에는 해결하기 어려운 문제를 지금은 더 잘 해결할 수 있게 되었거나 하는 모습을 보며 자신의 성장을 확인할 수 있습니다.

셋째, 일기를 쓰면 추억을 기록할 수 있습니다. 추억은 점점 희미해지기 마련인데, 일기를 적어 두면 더 오래 기억할 수 있습니다.

넷째, 자신의 생각과 감정을 표현함으로써 글쓰기 실력을 향상할 수 있습니다.

뭐야……. 생각보다 좋은 점이 많네? 그래도 쓰기 싫은 건 싫은 거야. 머리를 굴려 봐도 도저히 쓸 만한 내용이 떠오르지 않는단 말이야.

일기에 쓸 내용을 찾기 어려울 때는 아래와 같은 방법을 시도해 볼 수 있습니다.

❶ 일상적인 일을 적어 보세요. 일상적인 일이라고 해서 모두가 같은 경험을 하는 것은 아닙니다. 일상에서 겪는 일들에 자신만의 경험과 생각을 담아서 적어 볼 수 있습니다.

❷ 자신의 감정을 적어 보세요. 어떤 일이 있었을 때 자신이 느꼈던 감정, 그리고 그 감정을 어떻게 극복했는지에 대해 적어 보세요.

❸ 자신의 목표나 계획에 대해 적어 보세요. 자신이 이루고 싶은 목표나 계획을 적어 보면, 그것을 이루기 위해 어떤 노력을 해야 할지를 생각해 볼 수 있습니다.

❹ 책을 읽고 나서의 감상이나 생각을 적어 보세요. 자신이 읽은 책에서 얻은 깨달음이나 생각, 감동 등을 적어 보면, 자신만의 가치관을 형성할 수 있습니다.

❺ 자신이 관심 있는 주제에 대해 적어 보세요. 예를 들어 음악, 여행, 요리, 운동 등 자신이 관심 있는 주제에 대해 적다 보면, 그것을 좀 더 깊이 있게 생각하게 되어 자신의 관심 분야를 더욱 발전시킬 수 있습니다.

일기는 오늘 하루 있었던 일을 적는 거 아니었어? 그런 내용을 적어도 되는 거야?

3. 쓰기

일기는 대체로 그날 있었던 일을 적는 것이 일반적이나,
개인적인 생각과 방식에 따라
다양해질 수 있습니다.

따라서 오늘 일어난 일뿐만 아니라
자신이 느낀 감정, 생각, 느낌, 목표, 계획, 관심사 등
여러 글감을 활용하여 작성할 수 있습니다.

아하, 그렇구나. 근데 글감이 뭐야?

글감은 경험이나 생각처럼
'글을 쓰는 재료'가 되는 것을 말합니다.

글감을 떠올리고, 그 가운데에서
좋은 글감을 고르는 일은
글쓰기에서 매우 중요한 활동입니다.

글을 쓸 때도 글감이라는 게 필요하구나.
요리를 만들 때 양파, 마늘, 고기 같은 식재료가
필요한 것처럼 말이야.

네, 맞습니다. 평소와 달리 특별했던 일
또는 자신의 생각이나 느낌이 달라졌던 일을
떠올리다 보면 글감을 쉽게 찾을 수 있습니다.

나는 머릿속으로 오늘 하루 있었던 일을 되짚어 보기 시작했다. 오늘도 엄마의 잔소리를 들으며 눈을 떴고, 수업 시간 내내 꾸벅꾸벅 졸았으며, 녹초가 되어 집으로 돌아왔는데…….

아! 맞다! 오늘 아주 재미있는 일이 있었어.

학교 화장실 변기가 꽉 막히는 바람에, 누가 똥을 쌌는지 찾느라 체육 시간을 꼬박 보내 버렸다니까?

그렇다면 그 일화를 일기에 적는 것도 좋은 아이디어입니다.

그 일화에서 어떤 생각이 들었는지, 그 상황에서 느꼈던 감정은 어땠는지 등을 함께 적으면, 자신의 내면을 조금 더 깊게 파고들게 되어, 더 나은 방향으로 나아갈 수 있는 계기가 됩니다.

좋았어. 오늘은 그 이야기를 일기에 적어 봐야겠다.

그런데 어디서부터 어떻게 적어야 하지?

3. 쓰기

요리를 할 때에는 정해진 레시피가 있잖아.
재료를 다듬고, 물을 끓이고, 양념장을 넣는 것처럼 말이야.
글을 쓸 때도 정해진 레시피 같은 게 있을까?

일기를 쓸 때는 자신이 편한 방법으로
적는 것이 가장 좋지만, 글쓰기에도 요리 레시피처럼
몇 가지 정해진 내용들이 있습니다.

다음과 같은 요소들을 포함하여 글을 적어 보세요.

언제 있었던 일인가요?

어디에서 있었던 일인가요?

누구와 있었던 일인가요?

무슨 일이 있었나요?

어떤 생각이나 느낌이 들었나요?

나는 치치가 알려 준 질문을 공책에 그대로 옮겨 적었다. 그리고 그 옆에 오늘 있었던 일을 정리하여 적기 시작했다.

언제 있었던 일인가요?

오늘 체육 시간

어디에서 있었던 일인가요?

학교 화장실

누구와 있었던 일인가요?

우리 반 친구들과 체육 선생님

무슨 일이 있었나요?

변기가 꽉 막혀서 누가 똥을 싼 범인인지 찾았다.

어떤 생각이나 느낌이 들었나요?

범인을 찾지는 못했지만 웃기고 재미있는 경험이었다. 그리고 혹시 모르니 절대로, 절대로! 그 화장실에서는 볼일을 보지 말아야겠다고 결심했다.

다 적었어! 하지만 이대로 제출할 수는 없잖아? 일기라는 건 줄글로 써야 하는 거니까 말이야. 어떻게 하면 이 목록을 줄글 형식으로 바꿀 수 있지?

줄글 형식으로 변환해 보겠습니다.

뭐? 직접 바꿔 주겠다고?

3. 쓰기

> 오늘 체육 시간에 학교 화장실에서 변기가 꽉 막혀
> 누가 똥을 쌌는지 찾느라 체육 시간을 꼬박 보내 버렸다.
> 우리 반 친구들과 체육 선생님들도 함께 참여해
> 누구일까 고민하고 웃음을 자아내는 재미있는 시간이었다.
>
> 그러나 결국 범인을 찾지는 못했고, 나는 이제부터
> 그 화장실에서는 볼일을 보지 않기로 결심했다.
> 이번 일을 통해 더욱 깨닫게 된 것은, 우리가
> 자주 이용하는 곳이라도 가끔은 위생상의 문제가
> 생길 수 있다는 것이다.

치치는 내가 쓴 목록을 참고해 순식간에 일기를 완성했다. 이대로 옮겨 적을까, 하다가 마음을 고쳐먹었다. 치치에게 도움을 받을 수는 있지만 대신 해 달라고 부탁하는 건 자존심이 허락하지 않는 일이었으니까.

> 네가 써준 내용도 좋긴 한데
> 내가 직접 써 보고 싶어.
> 줄글로 바꾸는 방법을 알려 줄 수 있을까?

> 물론이죠! 줄글 형식으로
> 작성하는 방법을 알려 드리겠습니다.

❶ 글에 쓸 내용을 쪽지에 적어 보세요.

❷ 내용의 차례를 정하고 비슷한 내용끼리 묶어 보세요.

❸ 처음, 가운데, 끝을 정하고 각각 어떤 내용이 들어가면 좋을지 배치해 보세요.

나는 같은 반 친구인 정한이가 "으악, 변기에 똥이 가득 찼다!" 하고 소리치던 모습을 떠올렸다. 그 장면을 먼저 적은 뒤에 다 같이 화장실로 몰려가서 변기를 확인하고, 똥을 싼 범인을 찾는 과정을 적으면 훨씬 더 재미있을 것 같았다.

처음

정한이가 "으악, 변기에 똥이 가득 찼다!"고 소리치며 교실로 들어왔다.

중간

반 친구들과 선생님이 다 같이 화장실로 뛰어가 똥을 싼 범인을 찾기 시작했다.

끝

범인을 찾지 못했지만 나는 두 번 다시 그 화장실에 가지 않기로 결심했다.

3. 쓰기

글의 짜임을 완성해 봤어. 어때?

좋은 시도네요! 이야기의 구성이 한눈에 들어오게 되었어요.

어떤 방식으로, 어떻게 범인을 찾았는지 등이 추가되면 더욱 생생한 이야기가 될 거예요.

고마워, 치치야. 그런데 첫 문장을 어떻게 시작해야 할지 모르겠어. 나는 항상 첫 번째 문장을 쓰는 걸 가장 어려워하거든.

글머리를 시작하는 방법에는 여러 가지가 있습니다. 다음과 같은 방법을 참고하여 멋진 첫 문장을 만들어 보세요.

❶ 날씨 표현으로 시작하기

예) 유난히 햇살이 따가운 날이었다.

❷ 대화 글로 시작하기

예) "안녕?" 돌아보니 지수가 서 있었다.

❸ 인물 설명으로 시작하기

예) 슈퍼마켓 아주머니는 우리 동네에서 가장 키가 크다.

❹ 속담이나 격언으로 시작하기

예) 가는 말이 고와야 오는 말이 곱다더니.

❺ 의성어나 의태어로 시작하기

예) 꼼지락꼼지락, 이불 속에서 발을 움직였다.

❻ 상황 설명으로 시작하기

예) 때는 작년 여름, 파도가 치는 어느 바닷가였다.

글머리를 시작할 수 있는 방법에는 여러 가지가 있구나.

그런데 속담을 사용하기도 해? 오히려 속담을 활용하면 글이 어려워지지 않을까? 뭔가 촌스러울 것 같기도 하고.

글머리를 속담으로 시작하게 될 경우 글의 주제를 효과적으로 드러낼 수 있으며 재미있는 말을 사용해 듣는 사람이 흥미를 느낄 수 있습니다.

또한 조상의 지혜와 슬기를 알 수 있어 자주 활용되는 방법입니다.

3. 쓰기

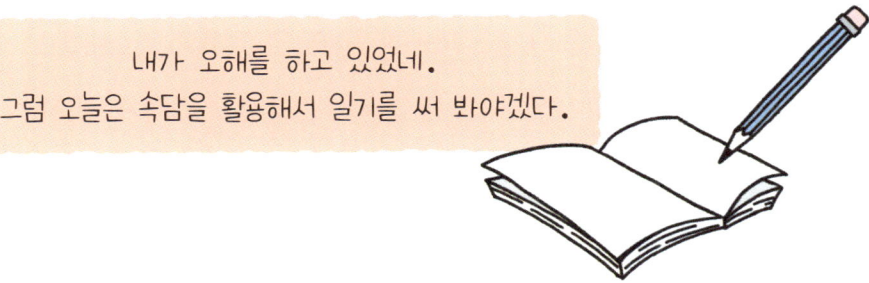

내가 오해를 하고 있었네.
그럼 오늘은 속담을 활용해서 일기를 써 봐야겠다.

20XX년 X월 X일 X요일　　　날씨 맑음

　가는 날이 장날이라던가. 학교 화장실을 이용한 적이 손에 꼽는 정한이가 웬일로 배가 아프다며 화장실로 뛰어갔다. 그런데 얼마 지나지 않아 교실 문을 벌컥 열고 들어오며 소리쳤다.

　"으악, 변기에 똥이 가득 찼다!"

　체육 수업을 준비하던 선생님과 반 아이들이 모두 화장실로 달려갔다. 정한이 말대로 변기는 똥과 똥물로 가득 차 넘실대고 있었다. 그때, 장난꾸러기로 소문난 보현이가 '진짜 똥을 싼 범인'을 찾자고 소리쳤다. 눈치를 보던 아이들은 이내 좋은 생각이라며 '진짜 똥을 싼 범인'을 찾는 데에 집중했다.
　4교시인 체육 시간이 시작되기 전까지는 모두 네 번의 쉬는 시간이 있었다. 그 안에 화장실에 간 남학생에게 모두 손을 들어보라고 했다. 손을 든 건 반장 승민이와 게임을 좋아하는 준호였다. 보현이가 승민이를 추궁하자 승민이는 화장실에 간 건 맞지만 소변을 보고 나온 게 다라고 변명했다. 준호 역시 화장실에 갔다가 나오는 길에 옆 반 민국이와 마주쳤다며, 결백하다고 목소리를 높였다.

가만히 지켜보던 체육 선생님은 아이들을 어르고 달랬다. 우리 반뿐만 아니라 모든 반을 통틀어 백여 명에 가까운 남학생이 있는데, 그중 누가 진짜 범인인지는 찾기가 어렵다고 하셨다. 게다가 다른 학년 학생이 와서 볼일을 보고 갔는지도 모를 일이었다.

선생님의 말씀을 들은 아이들은 모두 수긍했고, 교실로 얌전히 돌아갔다. 다른 활동을 하기에는 수업 시간이 많이 지난 뒤여서, 우리는 얌전히 자리에 앉아 책을 읽기로 했다. 범인을 찾지는 못했지만 웃기고 재미있는 경험이었다. 책을 읽으며 나는 혹시 모르니 절대로, 절대로! 그 화장실에서는 볼일을 보지 말아야겠다고 결심했다. 혹시나 나에게도 비슷한 일이 생겨서 범인으로 몰린다면 곤란하겠다는 생각이 들었기 때문이다.

3. 쓰기

어때? 괜찮은 것 같아?

글이 훨씬 잘 읽히고, 흐름도 자연스러워졌습니다. 독자가 이해하기 쉬운 글이 되었네요. 잘하셨어요!

    치치에게 칭찬을 받다니! 뿌듯함에 마음이 한껏 부풀었다. 일기를 쓰는 일이 이렇게나 재미있다는 사실 또한 새롭게 깨달았다. 글을 쓰는 과정 자체도 재미있었지만, 그냥 두었다면 잊어버렸을 일을 일기로 기록해 두니 나중에 다시 읽으며 추억할 수 있다는 사실이 좋았기 때문이다. 앞으로는 숙제가 아니더라도 오늘 하루 어떤 일이 있었고, 어떤 기분을 느꼈는지 자주 적어 봐야겠다.

INFORMATION

글을 쓰는 일이 너무 어렵고 힘들다고요? 글의 주제와 형식, 분량을 정해서 대화형 인공지능에게 설명해 주세요. 원하는 글을 순식간에 뚝딱! 완성해 줍니다. 내가 쓴 글의 완성도를 높이고 싶다거나 틀린 부분이 없는지 확인하고 싶을 때도 대화형 인공지능에게 물어보면 금방 해결할 수 있어요. 하지만 '나의 진짜' 실력을 늘리기 위해서는 대화형 인공지능에게 무조건 맡겨서는 안 되겠죠? 대화형 인공지능이 나의 글쓰기 선생님이 되었다고 생각하고 조금씩 도움을 받는 것만으로도 충분히 좋은 글을 쓸 수 있을 거예요.

교과 연계

1학년 1학기 | 그림일기를 써요
1학년 2학기 | 겪은 일을 글로 쓰기
2학년 2학기 | 인상 깊었던 일을 글감으로 고르고 쓸 내용 떠올리기
3학년 2학기 | 자신의 경험에서 인상적인 일 찾기, 인상 깊은 일 쓰기
5학년 2학기 | 겪은 일이 드러나게 글 쓰기
6학년 1학기 | 속담을 활용하여 표현하기

3. 쓰기

주장하는 글을 써 보자!
문장의 짜임을 생각하며 주장글 쓰기

며칠 전, 친구들과 함께 경복궁에 놀러 갔다. 봄을 맞이하여 벚꽃이 만개해 있다는 이야기를 들었기 때문이다. 방문하기 전 치치에게 몇 가지 궁금한 점을 물어보았는데 한복을 입고 가면 입장료가 무료라고 알려 주었다. 한복을 입는 것만으로도 특별한 추억이 될 텐데 입장료까지 무료라니! 우리는 신나는 마음으로 근처 한복 대여점에 들러 다 같이 한복을 맞춰 입었다. 난생처음 입어 보는 한복이 조금 불편하기도 했지만 총천연색으로 빛나는 저고리와 치마가 예쁘고, 새로웠다.

우리는 광화문을 지나 경회루로 향했다. 경회루 옆에는 능수 벚꽃이 흐드러지게 피어 있었다. 그 앞에서 사진을 찍고 경복궁 곳곳을

둘러보았다. 웅장한 근정전과 왕비가 머물렀던 교태전 그리고 넓은 대청마루가 있는 자경전까지. 한복을 입고 궁궐 안을 돌아다니니 마치 드라마 속에 들어와 있는 것만 같았다.

"날씨가 좋아서 그런가? 사진이 다 잘 나왔네."

나는 집으로 돌아오자마자 찍은 사진들을 구경했다. 파란 하늘과 화려한 단청 그리고 한복이 조화롭게 어우러져 있었다. 마음에 드는 사진 몇 장을 골라 SNS에 올렸다. 함께 간 친구들을 태그하고, 아래에 해시태그도 붙였다.

그로부터 며칠이 지난 오늘. 모르는 아이디로 메시지가 한 통 와 있었다. 한자로 적혀 있는 것을 보니 중국어인 것 같았다.

치치야. 중국어로 메시지가 한 통 왔는데 번역해 줄래?

한복은 중국옷입니다. 한국 옷이 아니에요. 중국 전통 의상이 한국 옷이라고 우기지 마세요!

뭐? 진짜 그런 내용이 적혀 있단 말이야? 황당하네. 한복은 당연히 우리나라 고유의 전통 의상이라고!

네, 맞습니다. '한복'은 한국의 고유한 전통 의상입니다.

안 되겠다. 반박하는 메시지를 보내야겠어.

(한복은 한국의 전통 의상이에요. 중국옷이라고 주장하는 건 잘못된 생각입니다.) 괄호 속 문장을 중국어로 번역해 줘.

나는 치치가 번역해 준 문장을 복사하여 전송했다. 그러자 또다시 답장이 날아왔다.

치치야, 이 사람이 뭐라고 한 거야?

'증거가 있나요?'라는 뜻입니다.

나는 기가 막혔다. 우리의 것을 우리의 것이라고 말하는데 증거가 필요하다니! 조목조목 따지고 싶었지만 혼자 힘으로는 어려워 보였다. 나는 결국 치치에게 도움을 요청했다.

치치야. 이 사람에게 한복이 우리나라의 전통 의상이라는 사실을 말해 주고 싶어. 어떻게 하면 될까?

그렇다면 이 사람에게 한복이 우리나라의 전통 의상임을 주장하는 글을 써서 전달해 줄 수 있습니다.

주장하는 글? 그게 뭔데?

3. 쓰기

주장하는 글이란 자신의 주장이나 의견을 쓴 글로, 다른 사람을 설득하려는 목적을 가지고 있습니다. 따라서 주장하는 글에는 주장과 함께 이를 뒷받침하는 타당한 근거가 포함되어 있어야 합니다.

근거가 꼭 필요한 거야? 그냥 '한복은 한국의 옷이다!'라고 적으면 되잖아.

주장하는 글은 상대방을 설득하기 위한 글입니다.

그렇기 때문에 자신만 생각하는 이유가 아닌 모든 사람이 받아들일 수 있는 객관적 사실이나 증거, 논리를 바탕으로 해야 합니다.

논리적인 근거나 이유가 뒷받침되었을 때 비로소 타당성이 생기고 설득력이 높아집니다.

아하, 그런 거였구나. 근거는 어떻게 마련해야 하는데?

주장을 뒷받침할 근거를 찾기 위해서는 여러 가지 방법을 활용할 수 있습니다.

직접 설문 조사를 하거나 면담을 하는 방법, 인터넷에 검색하는 방법, 책이나 신문과 같은 서적에서 찾는 방법 등이 있습니다.

직접 설문 조사를 하거나 책에서 찾아보는 건 내가 생각했을 때도 옳은 방법인 것 같아.

하지만 인터넷에 검색하게 되면 오히려 잘못된 근거들을 찾게 되는 거 아닐까? 인터넷에는 워낙 틀린 정보들도 많으니까 말이야.

맞습니다. 인터넷에는 잘못된 정보가 많이 돌아다니고 있기 때문에 검증되지 않은 정보를 무조건 믿어서는 안 됩니다.

따라서 인터넷에서 정보를 찾을 때는 항상 출처와 신뢰도를 확인해야 합니다.

다음은 인터넷에서 신뢰성 있는 정보를 찾는 방법 몇 가지입니다.

❶ 신뢰성 있는 사이트 이용하기

❷ 여러 사이트를 비교하고 검증하기

❸ 전문가나 학자의 논문을 찾아보기

> 인터넷 검색 외에도 필요한 근거 자료를
> 수집할 때에는 근거와 관련이 있는 내용인지,
> 믿을 만한 자료인지 꼼꼼히 살펴보는 것이 좋습니다.

나는 곧바로 인터넷에 '한복이 한국의 전통 의상인 이유'를 검색했다. 인터넷 기사부터 교수님들이 작성하신 논문, 대한민국 문화재청에 실린 게시물까지 다양한 검색 결과들이 나왔다. 자료의 출처만큼이나 종류도 다양했다. 사진, 그림, 표, 동영상 등 주장하는 글을 작성할 때 활용할 수 있는 자료들이 아주 많았다.

> 치치야. 한복이 한국의 전통 의상인 이유를
> 세 가지 정도 찾은 것 같아.

> 이제 이 근거들을 바탕으로
> 주장하는 글을 쓰고 싶은데 어떻게 쓰면 좋지?

주장하는 글은 다음과 같은 짜임으로 구성되어 있습니다.

서론

주장하는 글을 쓰게 된 이유나 글쓴이의 주장

본론

주장에 대한 적절한 근거

결론

내용 요약 및 주장 강조

서론, 본론, 결론에 해당하는 내용을 간단하게 적어 개요를 작성하면 보다 쉽게 글을 쓸 수 있습니다.

아하, 그렇구나.
그럼 간단하게 개요를 만들어 볼게.

서론

한복은 우리나라의 전통 의상이다.

본론

1) 고구려 시대 벽화
2) 백의민족이라는 별칭
3) 안중근 의사의 일화

결론
한복은 우리 민족의 얼이 담긴 옷이다.

치치야. 혹시 내가 짠 개요를 바탕으로 주장하는 글을 써줄 수 있을까?

네, 주어진 개요를 바탕으로 주장하는 글을 작성해 드리겠습니다.

한복은 우리나라의 전통 의상으로, 그 풍요로움과 아름다움으로 유명하다. 이 글에서는 한복이 한국의 전통 의상인 역사적 배경을 살펴보겠다.

첫째, 고구려 시대 벽화를 보면 한복이 이미 존재하고 있었다는 것을 알 수 있다. 한복의 역사는 매우 오래되었으며 우리 문화의 일부분이다.
둘째, 우리 민족은 예로부터 백의민족이라는 별칭으로도 불린다. 이는 한복이 우리나라의 전통 의상이며 한국 문화의 상징적인 의미를 지니고 있기 때문임을 알 수 있다.
셋째, 안중근 의사의 어머니가 남긴 편지에는 "우리나라의 얼은 우리나라의 옷을 입고 있는 것이다"라는 말이 있다. 이를 통해 한복은 우리 민족의 얼이 담긴 옷이라는 것을 알 수 있다.

따라서 한복은 우리나라의 전통 의상이며, 그 역사 또한 상당히 오래되었음을 알 수 있다.

어? 잠깐! 내용 중에 틀린 부분이 있어.

안중근 의사에 관한 일화는 '안중근 의사가 죽기 전에 어머니가 손수 지어 주신 한복으로 갈아입었다'는 거야.

그만큼 한국인에게 한복은 우리 민족의 얼이 담긴 소중한 의상이라는 점을 알 수 있는 셈이지.

저의 오류로 인해 혼란을 드려 죄송합니다. 말씀해 주신 대로, 안중근 의사의 일화는 어머니가 손수 지어 준 한복을 입은 것이 맞습니다.

괜찮아, 헷갈릴 수도 있지. 인터넷에는 워낙 잘못된 정보들이 많으니까. 그럼 틀린 내용을 고쳐서 다시 작성해 줄래?

    치치는 틀린 내용을 수정하여 곧장 새로운 주장하는 글을 작성해 주었다. 치치가 적어 준 글은 나무랄 데가 없었지만 표현력 면에서는 조금 부족한 부분이 있는 것 같았다. 그래서 치치가 적어 준 글을 읽으며 문장을 부드럽게 고치거나 새로운 내용을 추가하였다.

3. 쓰기

한복은 우리나라의 전통 의상으로, 한국인의 정체성과 역사적 가치가 담겨 있다. 그러나 최근 들어 중국에서 한복을 두고 '명나라 황제가 조선인들을 위해 만들어 준 것이 한복'이라거나 '한복의 원조는 '한족의 한푸'라는 주장이 쏟아져 나오고 있다. 그럼에도 불구하고 한복은 여전히 '한국의 전통 의상'으로 굳건히 자리매김하고 있다. 중국의 억지 주장과 달리 다양한 역사적 증거들이 이를 뒷받침해 주고 있기 때문이다.

첫째, 고구려 시대 때 그려진 벽화에 한복을 입은 여인이 그려져 있다. 이때부터 이미 한복은 중국의 '한푸'나 일본의 '기모노'와 달리 말을 타기 유리한 형태를 띠고 있음을 알 수 있다.
둘째, 한민족은 대대로 '백의민족'이라고 불렸다. 이를 통해 조선 시대 사람들은 백성이나 양반을 가릴 것 없이 '하얀 한복'을 입고 있었음을 유추해 볼 수 있다.
셋째, 한복과 관련된 안중근 의사의 일화가 있다. 안중근 의사가 죽기 직전, 어머니가 손수 지어 주신 한복으로 갈아입었다는 이야기가 전해 내려오고 있는데 이를 통해 한국인에게 한복이란 우리 민족의 얼이 담겨 있는 소중한 의상임을 알 수 있다.

이러한 역사적 사실들을 바탕으로 한복은 우리나라의 전통 의상이며 다른 나라의 복식과는 차별화되는 뚜렷한 특징이 존재함을 알 수 있다.

치치야. 내가 작성한 내용을 중국어로 번역해 줘!

네, 중국어로 번역해 드리겠습니다.

　나는 치치가 번역해 준 문장을 그대로 복사해서 답장을 보냈다. 그리고 조금 전에 자료 검색을 하며 저장해 두었던 사진과 영상 자료들도 함께 전송했다. 얼마 지나지 않아 '읽음' 표시가 떠올랐다. 나는 손톱을 깨물며 답장이 오기만을 초조하게 기다렸다. 하지만 메시지는 끝내 도착하지 않았다. 아무래도 나의 주장에 반박할 만한 근거를 찾지 못한 것 같았다. 하하하, 내가 이겼다! 치치의 도움으로 한복이 우리나라의 전통 의상이라는 사실을 알린 것만 같아 뿌듯한 마음이 들었다. 또 한 번 비슷한 메시지를 받는다면 무조건 화를 내기보다는 나의 주장과 근거를 일목요연하게 정리하여 코를 납작하게 해 줘야겠다고 다짐했다.

INFORMATION

글을 완성하는 데까지는 몇 가지 단계가 필요합니다. 어떤 내용을 써야 할지, 어떻게 써야 할지, 읽는 대상에 맞추어 잘 쓰고 있는지 확인하고 검토하는 과정이 필요하죠. 혼자 하기에는 다소 어려울 수 있는 부분들이 있다면 대화형 인공지능의 도움을 받아 글을 완성해 보세요. 글의 밑바탕이 되는 개요부터 본문 그리고 첨삭까지 글이 완성되는 과정을 자연스레 익힐 수 있을 거예요.

교과 연계

3학년 1학기 | 중심 문장과 뒷받침 문장을 생각하며 문단 쓰기
4학년 1학기 | 읽는 사람을 고려해 생각 쓰기, 제안하는 글을 쓰는 방법 알기, 사실에 대한 의견 쓰기
4학년 2학기 | 문장의 짜임을 생각하며 의견 표현하기
5학년 1학기 | 지식, 경험을 활용하여 읽고 쓰기, 대상을 생각하며 설명하는 글 쓰기
6학년 1학기 | 타당한 근거를 들어 글 쓰기
6학년 2학기 | 자료를 활용해 글 쓰기

지구 반대편으로 편지를 보낼래!

편지 쓰는 방법을 익히고 글 고쳐 보기

  나와 수빈이는 어릴 때부터 아주 친한 친구였다. 우리는 같은 병원에서 태어나 같은 아파트에서 자랐다. 우리 집은 7층, 수빈이네 집은 6층이었는데 수빈이는 툭 하면 우리 집 문을 두드렸다. 형제가 있는 나와 달리 수빈이는 외동이어서 외로움을 많이 탔기 때문이다. 나는 물론이고 언니와 동생 건희까지 그런 수빈이를 '진짜 가족'처럼 여겼다. 수빈이는 성격이 밝고, 착했으며 홀수여서 게임을 할 때마다 다투던 우리에게 든든한 편이 되어 주었다.

  그렇게 평생을 함께 놀 수 있을 줄 알았는데……. 어느 날 수빈이가 닭똥 같은 눈물을 뚝뚝 흘리며 찾아왔다. 무슨 일이냐고 묻자 곧 이사를 간다고 답했다. 그것도 지구 반대편, 미국 캘리포니아로. 얼마 지나지 않아 수빈이는 정말 미국으로 떠나 버렸고, 우리의 우정은 이대로 끝나는 줄로만 알았다.

  "소희야. 편지가 한 통 왔는데?"

3. 쓰기

"편지요?"

그런데 어느 날, 편지 한 통이 도착했다. 편지 봉투에는 처음 보는 우표들과 함께 익숙한 이름이 적혀 있었다.

다름 아닌 수빈이가 미국에서 보낸 편지였다. 나는 곧장 내용을 확인해 보았다. 편지에는 미국에서 어떻게 지내고 있는지, 그곳에 있는 학교에서는 어떤 일들이 벌어지고 있는지, 새로운 곳에서 적응하기란 얼마나 힘든 일인지 빼곡하게 적혀 있었다. 수빈이는 편

지 말미에 '이곳에는 한국말로 대화할 사람이 없어서 아주 오랜만에 한글을 써본다'며, 나는 지금 어떻게 지내고 있는지 궁금하다고 덧붙였다. 수빈이가 궁금해하는 내용을 알려 주려면 답장을 써야 할 텐데…….

치치야. 혹시 편지 쓰는 것 좀 도와줄 수 있어?
수빈이한테 답장을 보내야 하는데
편지를 써 본 적이 한 번도 없어서 말이야.

네, 도움을 드릴 수 있습니다.
어떤 종류의 편지를 쓰려고 하시나요?

편지에도 종류가 있어?

네, 편지를 쓰는 방법에는 몇 가지가 있습니다.
이 중에서 목적에 따라
가장 적합한 방법을 선택하면 됩니다.

❶ 안부 편지
소식을 묻거나 전할 때 쓰는 편지

❷ 초대 편지
생일 파티, 학예회 등 모시는 마음을 전하는 편지

3. 쓰기

❸ 사과 편지

상대에게 자신의 잘못을 사과하는 편지

❹ 축하 편지

입학, 상을 받았을 때 격려하기 위해 쓰는 편지

❺ 감사 편지

남의 도움을 받고 고마움을 전하고자 쓰는 편지

❻ 소개 편지

남에게 어떤 사람, 물건, 지역을 소개하는 편지

어떤 편지를 써야 할지 고민하던 중 최근에 벌어진 사건 하나가 떠올랐다. 수빈이가 살던 곳에 새로운 또래 친구가 이사를 왔는데, 이국적인 외모가 눈에 띄는 친구였다. 어렵사리 다가가 말을 걸었는데 글쎄, 수빈이가 살고 있는 미국에서 왔다는 것이다. 이런 신기한 우연이 다 있다니! 그 친구를 수빈이에게도 소개해 준다면 좋을 것 같았다.

나는 소개 편지를 쓰고 싶어. 어떻게 쓰면 될까?

주변 사람을 소개하는 방법은 다음과 같습니다.

❶ 읽을 사람이 궁금해할 내용을 골라서 소개해야 합니다.

❷ 친구가 이미 알고 있는 내용은 소개하지 않습니다.

❸ 특징이 잘 드러나게 설명합니다.

그럼 먼저 수빈이가 궁금해할 만한 내용과 이미 알고 있는 내용을 구분해야겠구나.

친구의 이름	친구의 성별	친구의 출신지
친구가 좋아하는 것	친구가 잘하는 것	친구가 이사 온 층수
~~캘리포니아의 날씨~~	친구의 나이	~~캘리포니아의 위치~~

이 중에서 캘리포니아의 날씨와 위치는 이미 수빈이가 아는 내용이니까 빼도 좋을 것 같아.

친한 친구한테 보내는 편지니까 아무렇게나 적어도 되겠지?

친한 친구한테 보내는 편지라고 해서 아무렇게나 적는 것은 좋지 않습니다.

3. 쓰기

편지글의 형식에 맞추어 적는 것이
예의 바른 태도입니다.

형식이라고?
편지글은 어떤 형식으로 이루어져 있는데?

편지는 보통 다음과 같은 형식으로 이루어집니다.

받을 사람 ▶ 첫인사 ▶ 전하고 싶은 말 ▶
끝인사 ▶ 쓴 날짜 ▶ 쓴 사람

아하, 그렇구나. 그러고 보니
수빈이가 보낸 편지도 비슷한 형식으로 쓰여 있어.
나도 형식에 맞춰서 편지를 써 봐야겠다.

수빈이에게.

안녕, 수빈아. 오랜만이야. 우선 편지를 보내 주어서 정말 고마워. 네 편지를 받고 얼마나 놀라고 또 기뻤는지 몰라. 무려 캘리포니아에서 날아온 편지라니! 낭만적이고 신기해서 아직도 믿기지 않아.

낯선 곳에 적응하느라 힘들지? 나도 네가 한국에 없다는 사실을 깨달을 때마다 외롭고 쓸쓸한데, 그곳에 혼자 있는 너는 얼마나 심심할까 걱정이 돼. 당장 내가 비행기를 타고 날아갈 수 있다면 좋겠지만 너도 알지? 내가 고소 공포증이 얼마나 심한지. 하늘 위에 떠 있는 생각만 해도 소름이 돋아!

얼마 전에 수빈이 네가 살던 집으로 새로운 친구가 이사를 왔는데 피부가 하얗고, 눈동자가 밝은 갈색이어서 한눈에 봐도 이국적인 분위기를 풍겼지. 이삿짐이 정리되는 동안 그 아이가 아파트 앞 벤치에 앉아 있길래 먼저 다가가서 말을 걸었어. 내 이름은 김소희고, 7층에 살고 있다고. 그 아이도 조금 어눌한 한국말로 자기소개를 해주었어. 이름은 제시, 나이는 나랑 동갑이고, 캘리포니아에서 왔대.

캘리포니아라니! 깜짝 놀라서 진짜 캘리포니아에서 왔냐고 되물었어. 제시는 그렇다며 고개를 끄덕였고, 나는 곧장 네 이야기를 해주었지. 원래 그곳에 살던 아이가 얼마 전 이사를 갔다고 말이야. 제시는 신기한 일이라며 재미있어했어. 제시는 캘리포니아에 대한

3. 쓰기

이야기를 들려주었고, 나는 그 덕분에 수빈이 네가 어떤 환경에서, 어떻게 지내고 있을지 어렴풋하게나마 알 수 있게 된 것 같아.

아직은 미국보다 한국이, 영어보다 한국어가 더 그립겠지만 금방 익숙해질 거라고 믿어. 너는 밝고 긍정적인 아이니까 친구도 금방 사귈 수 있을 거고. 그래도 문득 이곳에서의 생활이 그리워지면 편지 보내줘. 학교 앞 떡볶이집은 그대로 있는지, 여전히 언니, 동생과 자주 다투는지, 아파트 앞에 살던 고양이들은 잘 지내고 있는지 다 이야기해 줄게.

보고 싶은 수빈아, 잘 지내고 건강해. 우리 언젠가는 꼭 다시 만나자. 그럼 이만 줄일게.

20XX년 5월 27일, 소희가.

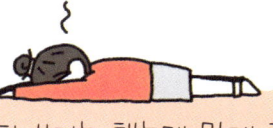

열심히 쓰기는 했는데 맞게 잘 쓴 건지 모르겠네. 글을 잘 썼는지 알아보려면 어떻게 해야 할까?

글의 완성도를 높이기 위해서는 고쳐 쓰기를 하는 것도 하나의 방법이 될 수 있습니다.

고쳐 쓰기? 그게 뭐야?

고쳐 쓰기란 글을 다 쓴 다음 다시 읽어 보며 잘못된 곳을 고치고, 부족한 부분을 다듬는 것을 말합니다.

고쳐 쓰기를 통해 읽는 사람이 이해하기 쉬운 글을 쓸 수 있으며, 하고 싶은 말을 명확하게 전달할 수 있습니다.

그 과정을 고쳐 쓰기라고 부르는구나. 고쳐 쓰기는 어떻게 해야 하는 건데?

다음과 같은 네 가지 수준에서 글을 고쳐 쓸 수 있습니다.

❶ 글 수준

글을 쓴 목적과 제목 생각해 보기, 글에서 더하거나 뺄 내용 생각해 보기

❷ 낱말 수준

알맞은 낱말을 선택해 문장에 추가하기, 어색한 낱말 고쳐 쓰기

❸ 문단 수준

글의 흐름에 맞게 문단 차례 조정하기, 문단 별로 중심 생각 찾아보기

> **4 문장 수준**
>
> 문장 호응이 이루어지지 않은 문장 고쳐 쓰기, 표현이 적절하지 않은 문장 고쳐 쓰기, 지나치게 긴 문장 고쳐 쓰기

나는 치치가 알려 준 내용을 바탕으로 편지를 고쳐 썼다.

수빈이에게.

안녕, 수빈아. 오랜만이야. 우선 편지를 보내 주어서 정말 고마워. 네 편지를 받고 얼마나 놀라고 또 기뻤는지 몰라. 무려 캘리포니아에서 날아온 편지라니! 낭만적이고 신기해서 아직도 믿기지 않아.

낯선 곳에 적응하느라 힘들지? 나도 네가 한국에 없다는 사실을 깨달을 때마다 외롭고 쓸쓸한데, 그곳에 혼자 있는 너는 얼마나 심심할까 걱정이 돼. ~~당장 내가 비행기를 타고 날아갈 수 있다면 좋겠지만 너도 알지? 내가 고소 공포증이 얼마나 심한지. 하늘 위에 떠 있는 생각만 해도 소름이 돋아!~~ 한국에서의 일들이 궁금할 너를 위해 이곳에서 있었던 재미난 일을 한 가지를 전해줄까 해.

↳ 문단과 어울리지 않는 문장

~~얼마 전에 수빈이 네가 살던 집으로 새로운 친구가 이사를 왔는데 피부가 하얗고, 눈동자가 밝은 갈색이어서 한눈에 봐도 이국적인 분위기를 풍겼지.~~ 얼마 전에 수빈이 네가 살던 집으로 새로운 친구가 이사를 왔어. 피부가 하얗고, 눈동자가 밝은 갈색인 여자아이. 한눈에 봐도 이국적인 분위기를 풍겼지. 이삿짐이 정리되는 동안 그 아이가 아파트 앞 벤치에 앉아 있길래 먼저 다가가서 말을 걸었어. 내 이름은 김소희고, 7층에 살고 있다고. 그 아이도 조금 어눌한 한국말로 자기소개를 해주었어. 이름은 제시, 나이는 나랑 동갑이고, 캘리포니아에서 왔대.

(지나치게 긴 문장)

캘리포니아라니! 깜짝 놀라서 진짜 캘리포니아에서 왔냐고 되물었어. 제시는 그렇다며 고개를 끄덕였고, 나는 곧장 네 이야기를 해주었지. 원래 그곳에 살던 아이가 얼마 전 이사를 갔다고 말이야. 제시는 신기한 일이라며 재미있어했어. 제시는 캘리포니아에 대한 이야기를 들려주었고, 나는 그 덕분에 수빈이 네가 어떤 환경에서, 어떻게 지내고 있을지 어렴풋하게나마 알 수 있게 된 것 같아.

(캘리포니아로 / 알맞은 낱말을 선택해 문장에 추가하기)

아직은 미국보다 한국이, 영어보다 한국어가 더 그립겠지만 금방 익숙해질 거라고 믿어. 너는 밝고 긍정적인 아이니까 친구도 금방 사귈 수 있을 거고. 그래도 문득 이곳에서의 생활이 그리워지면 편지 보내줘. 학교 앞 떡볶이집은 그대로 있는지, 여전히 언니, 동생과 자주 다투는지, 아파트 앞에 살던 고양이들은 잘 지내고 있는지 다 이야기해 줄게.

　보고 싶은 수빈아, 잘 지내고 건강해. 우리 언젠가는 꼭 다시 만나자. 그럼 이만 줄일게.

20XX년 5월 27일, 소희가.

　나는 고쳐 쓴 글을 치치에게 보여주었다. 그리고는 혹시 아직 어색한 부분이 있다면 수정해 달라고 부탁했다. 그러자 치치는 '더 그립겠지만'을 '더 그리울 것 같지만'으로 바꾸어 주었다. 완성된 편지를 보니 고쳐 쓰기 전보다 훨씬 좋은 글이 된 것 같았다. 내용을 예쁜 편지지에 옮겨 적고, 수빈이가 좋아하는 캐릭터가 그려진 편지 봉투에 담았다. 그리고는 우체국에 가서 캘리포니아로 편지를 부쳤다. 편지는 3, 4일 뒤면 미국에 도착할 예정이라고 했다. 부디 수빈이가 편지를 받고 즐거워했으면 좋겠다.

INFORMATION

내가 쓴 글을 다듬고 싶다면 대화형 인공지능에게 첨삭을 요청해 보세요. 문법적으로 어색한 부분이나 쓰임이 잘못된 단어를 쉽게 수정할 수 있습니다. 편지뿐만 아니라 기행문, 논설문, 기록문, 설명문까지 어떠한 갈래의 글이라도 가능해요. 글의 내용과 함께 글의 종류, 어떻게 수정하고 싶은지 등을 알려 주면 내가 원하는 글을 더욱 빠르게 완성할 수 있답니다.

교과 연계

2학년 1학기 | 주변 사람을 소개하는 글 쓰기. 알맞은 낱말을 사용해 마음을 전하는 글 쓰기
3학년 1학기 | 마음이 잘 드러나게 편지 쓰는 방법 익히기
3학년 2학기 | 읽을 사람을 생각하며 마음을 전하는 글 쓰기
5학년 1학기 | 대상을 생각하며 설명하는 글쓰기, 쓸 내용 떠올리기, 떠올린 내용을 조직하고 글로 나타내기
6학년 1학기 | 글 고쳐 쓰기

글에 감정을 담을 수 있다고?

나의 경험을 살려 시 창작하기

이번 주 월요일, 학교에서 백일장 및 사생 대회가 열렸다. 같은 주제를 가지고 백일장은 글을 쓰고, 사생 대회는 그림을 그리는 대회인데 이번 주제는 '해바라기와 뭉게구름'이었다. 나는 사생 대회

에 참가하고 싶었지만 하필이면 미술 도구를 깜빡하는 바람에 어쩔 수 없이 백일장에 참여하기로 했다. 주제를 보니 눈앞이 캄캄해졌다. 자유 시간을 보내려면 최소한 시 한 편을 쓰거나 원고지 10장 분량의 산문을 완성해야 했기 때문이다.

"원고지 10장을 채우는 건 아무리 생각해도 무리야. 하지만 시는 한 번도 써본 적이 없는데……."

나는 언덕에 모여 앉은 친구들 곁을 조용히 피해 치치를 불렀다.

치치야. 백일장에 제출할 시를 한 편 써야 하는데 도와줄 수 있어?

물론이죠! 어떤 주제로 작성하실 건가요?

'해바라기와 뭉게구름'이야.

3. 쓰기

해바라기와 뭉게구름

해바라기 만개한 곳,
한참을 바라보다 구름을 보네.
뭉게구름 위로 차오르는 생각,
마치 어디론가 떠나는 기분이야.

해바라기의 웃는 얼굴에
기분이 밝아지는 건 내가 아닌 것 같아.
그러나 구름의 은은한 그림자는
날 깊은 생각에 빠지게 만들어.

해바라기와 뭉게구름,
서로 달라 보이지만 함께 있는 걸 보면
그렇게 다르지는 않은 것 같아.
우리도 서로 다른데 함께 있으면 좋겠다는 생각이 드는구나.

해바라기와 뭉게구름,
하늘을 함께 누비며
끝없는 세상을 자유롭게 여행하는 건
어떨까, 라는 희망에 가슴이 떨려.

어떠세요? 이런 느낌의 시가 백일장 제출용에 적합할 것 같습니다.

주제를 알려 주자 치치는 멋진 시 한 편을 뚝딱 완성해 주었다. 하

지만 치치가 쓴 시를 그대로 베껴서 제출할 수는 없었다. 백일장은 엄연히 대회고, 공정성을 깨트리면 안 되기 때문이다.

> 네가 써준 시도 멋지고 좋은데 이번에는 내 힘으로 써보고 싶어.
>
> 시를 쓰는 방법만 가르쳐줄 수 있을까?

> 물론이죠!
> 시를 쓰는 방법에는 다양한 방법이 있겠지만, 기본적인 과정을 안내해 드릴게요.

> **❶ 주제 선정하기**
>
> 시를 쓸 때는 먼저 주제를 선정해야 합니다. 주제를 정하면 시의 방향성이나 느낌이 뚜렷해지며, 시를 쓰는 데 있어서 좋은 출발점이 됩니다.
>
> **❷ 문장 구성하기**
>
> 시를 쓸 때는 일상에서 느끼는 감정이나 경험 등을 시적 언어로 풀어내는 것이 중요합니다. 이를 위해서는 문장 구성에 집중해야 합니다. 예를 들어, 복잡한 문장보다는 간결하고 직설적인 문장을 사용하거나, 직접적으로 느끼는 감정이나 경험을 표현하는 것이 좋습니다.

❸ 반복과 비유

반복은 강조하고자 하는 내용을 강조할 수 있게 해주며, 비유는 복잡한 감정이나 경험을 직관적으로 표현할 수 있게 도와줍니다. 이를 위해서는 시의 전체적인 분위기나 주제를 고려하여 적절한 표현 방법을 선택해야 합니다.

> 주제는 이미 '해바라기와 뭉게구름'으로 정해져 있으니까 넘어가고, 이제 문장을 구성할 차례인데…….

> 감정이나 경험을 언어로 풀어내라고? 꼭 경험을 녹여 내야 하는 거야?

> 시를 쓸 때 경험을 녹여 내는 것이 좋은 방법 중 하나이지만, 반드시 그렇다는 것은 아닙니다. 시를 쓰는 목적이나 주제에 따라 다양한 방식으로 시를 작성할 수 있습니다.

> 실제로, 시인들은 경험을 녹여 내는 것 외에도 상상력을 발휘하여 창의적인 작품을 만들기도 합니다.

하지만 자신의 경험을 떠올리며 시를 읽거나 쓰게 되면 보다 감성적으로 몰입할 수 있고, 생생하게 표현할 수 있습니다.

또한 자신의 경험을 토대로 시를 작성하면, 독자들과 공감대를 형성하여 작품의 의미를 더욱 깊이 있게 전달할 수 있으며 자신만의 독특한 시적 표현 방법을 찾아낼 수 있어 개성이 더욱 두드러지게 나타납니다.

경험을 이용해서 글을 쓰는 건 생각보다 장점이 많구나. 그럼 나도 경험을 바탕으로 글을 써 봐야겠다.

나는 '해바라기와 뭉게구름'에 얽힌 경험을 떠올려 보았다. 그러자 작년에 가족끼리 소풍을 갔던 기억이 떠올랐다. 한여름이었는데 차가 고장이 나서 갓길에 한참을 멈춰 서 있었다.

지루해진 나는 차 밖으로 뛰쳐나와 하염없이 걸었다. 걷고, 걷고, 또 걷다 보니 언덕 하나를 발견했는데 그 위에는 무수히 많은

해바라기가 피어 있었다. 너무나도 아름다운 광경에 온 가족을 그리로 불러 모았다.

더위와 기다림에 지쳐 인상을 찡그리고 있던 가족들의 얼굴이 아름다운 풍경 앞에서 사르르 녹았다. 기다렸다는 듯 언덕으로 바람이 불어왔다. 해바라기가 흩날리며 아름다운 소리를 냈다. 그 주위를 덮은 파란색 하늘 위로 하얀 뭉게구름이 빠르게 지나쳤다. 하나부터 열까지 동화 속에 들어온 듯 생경한 풍경이었다.

작년에 소풍을 갔던 때를 떠올리며 시를 적으면 될 것 같아. 그때 보았던 풍경이 아주 멋졌거든.

그런데 반복과 비유는 뭐야? 이걸 사용해서 어떻게 시를 쓰라는 거지?

반복은 어떤 단어나 문장을 반복적으로 사용해서 내용을 강조하는 방법입니다.

예를 들어 '바람이 불어도, 비가 내려도, 너를 사랑할게.'와 같은 문장은 좋지 않은 날씨를 반복적으로 드러냄으로써 그럼에도 불구하고 사랑하겠다는 강한 의지를 드러내고 있습니다.

비유는 '그의 눈은 창백한 달과 같았다'처럼 눈을 창백한 달에 빗대어 그의 눈이 아름답고 차갑다는 것을 전달하는 것을 말합니다.

이처럼 비유를 사용하면 직접적으로 말하는 것보다 더욱 풍부하고 다양한 감정으로 표현할 수 있습니다.

그렇구나! 학교에서 배운 적이 있는 것 같아. '사과 같은 내 얼굴'이나 '내 마음은 호수요.' 모두 비유적인 표현이라고 말이야.

3. 쓰기

맞아요. '사과 같은 내 얼굴'이나 '내 마음은 호수요.'는 둘 다 비유적인 표현이지만 표현의 방식에 차이가 있습니다.

먼저 '사과 같은 내 얼굴'은 '~은/는 ~이다'로 빗댄 직유법을 사용한 표현이고, '내 마음은 호수요.'는 ~같이 ~처럼 ~듯이와 같은 말을 써서 두 대상을 직접 견주는 은유법을 사용한 표현입니다.

직유법   은유법

비유에도 여러 가지 방식이 있구나, 그럼 비유와 반복 외에 시를 생동감 있게 쓰는 방식에는 또 뭐가 있어?

비유, 반복 외에도 감각적 표현을 사용하면 시를 풍성하게 만들 수 있습니다.

감각적 표현이란 눈, 귀, 입, 코, 손 등 부위를 통해 오감을 이용하면서 알게 된 대상의 느낌을 생생하게 표현한 것을 말합니다.

예를 들어 '사과'의 '동글동글한 모양'이나 '아삭아삭한 식감' 그리고 '새콤달콤한 맛' 등을 모두 감각적 표현이라고 합니다.

오감으로 느낀 것들을 표현해 주면 되는 거구나. 이제 시를 어떻게 써야 할지 알 것 같아. 내가 한 번 적어 볼 테니까 평가해 줄래?

네, 좋아요. 기대가 됩니다.

해바라기와 뭉게구름

무더위 가운데 피어난
샛노란 해바라기 떼
뭉게구름 떠가며
송이송이 어루만지고

길목에 멈춰 선 자동차
그보다 빨개진 면면들
머리로 어깨로 아지랑이
모락모락 피어오르면

이곳은 지친 자들의 낙원
바람에 짓이겨진 꽃잎이
황금빛으로 흩날리는 곳
그 어떤 생명도 쉬어가는 곳

3. 쓰기

감각적 표현을 잘 활용하고 있는 것 같습니다.
더불어 은유적 표현도 자연스럽게 사용되어
시 전체적으로 풍부한 분위기를 풍깁니다.

특히 '이곳은 지친 자들의 낙원',
'바람에 짓이겨진 꽃잎이 황금빛으로 흩날리는 곳'과 같은
구절은 정교하고 생동감 있는 이미지를 제시해 주어서
독자들에게 가장 인상을 남길 수 있을 것 같습니다.

정말? 칭찬해 줘서 고마워.
그럼 이대로 백일장에 제출해도 괜찮겠지?

네, 이 시는 백일장에
제출해도 좋을 만큼 뛰어난 작품입니다.

나는 치치의 응원에 힘입어 곧장 시를 제출했다. 그리고 얼마 뒤, 조회 시간에 선생님이 내 이름을 부르셨다. 갑작스러운 부름에 떨리는 마음으로 교탁 앞에 섰다. 선생님은 밝은 얼굴로 웃으며 종이 한 장을 내밀어 주셨다. 그곳에는 '백일장 장원 김소희'라는 글자가 커다랗게 박혀 있었다.

"제, 제가 장원이라고요? 백일장 1등이요?"

"그래, 소희 네가 이번 백일장 1등이야. 시를 아주 잘 썼더구나. 어떻게 그런 멋진 표현들을 생각해 냈니? 아주 잘했어."

선생님과 아이들은 박수를 쳐 주었다. 나는 고개를 꾸벅 숙였다. 내가 백일장에서 장원을 하다니! 치치가 아니었다면 해낼 수 없었겠지? 뿌듯한 마음이 파도처럼 밀려와서 온몸이 푹 젖어 드는 것만 같았다.

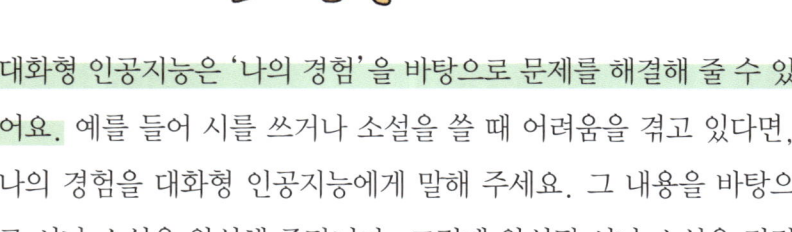

INFORMATION

==대화형 인공지능은 '나의 경험'을 바탕으로 문제를 해결해 줄 수 있어요.== 예를 들어 시를 쓰거나 소설을 쓸 때 어려움을 겪고 있다면, 나의 경험을 대화형 인공지능에게 말해 주세요. 그 내용을 바탕으로 시나 소설을 완성해 준답니다. 그렇게 완성된 시나 소설을 직접 고치고, 발전시키다 보면 더 좋은 글을 완성할 수 있겠죠?

교과 연계

3학년 1학기 | 느낌을 살려 사물을 표현하기, 시에 나타난 감각적 표현 알기
5학년 1학기 | 나의 경험이 드러나도록 시 쓰기, 경험을 이야기로 표현하기
6학년 1학기 | 비유하는 표현 찾기, 비유하는 표현을 살려 시 쓰기

학습 포인트

저학년) 한글 자모, 낱말, 문장과 문장 부호

고학년) 문장 구조, 높임법과 언어 예절, 문장 성분과 호응,
상황에 따른 의미, 관용 표현

4 문법

우리말을 사랑하자!

한글의 특성을 이해하고 문제 풀어 보기

소파에 누워 텔레비전을 보고 있는데 동생 건희가 다가와 물었다. 손에는 휴대폰이 들려 있었다. 자세히 들여다보니 가족 단체 채팅방에 엄마, 아빠가 주고받은 메시지가 떠 있었다.

김밥 먹을 사람?

나는 다꽝 뺀 걸로 한 줄만.

"아, 이거? 아빠가 단무지 뺀 김밥 사다 달라고 하시는데?"
"뭐? 여기에 그런 내용이 어디 있어?"
"여기 쓰여 있잖아. 다꽝. 이게 단무지라는 뜻이야."
"그냥 단무지라고 하면 되지 왜 다꽝이라고 불러?"

건희의 물음에 말문이 턱하고 막혔다. 할머니, 할아버지가 자주 쓰시는 표현이어서 귀에 익기는 했지만 왜 '단무지'를 '다꽝'이라고 부르는지는 알지 못했기 때문이다.

치치야. 아빠가 단무지를 자꾸 '다꽝'이라고 하시는데 이유가 뭘까?

여러 가지 설이 있으나 '다꽝'은 '다쿠앙'이라는 일본 스님의 이름에서 유래된 것으로 알려져 있습니다.

다쿠앙 스님은 먹을 것이 없는 백성들을 위해 반찬으로 짠지를 만들곤 했는데, 이를 맛본 한 남자가 짠지를 '다쿠앙'이라고 부르기 시작했고, 이것이 한국으로 건너와 '단무지'가 되었다고 합니다.

아하, 일본에서 건너온 거구나. 그런데 왜 굳이 '단무지'라는 말을 두고 '다꽝'이라고 하시는 거야?

1876년 강화도 조약으로 인해 일본의 간섭을 받기 시작한 대한 제국은 1910년, 국권을 상실하고 일본의 식민지가 되어 강제 노동, 일본식 성명 강요, 한글 교육 금지 등 갖은 고초를 겪으며 35년간 일본의 식민지로 지내게 되었습니다.

헉! 우리나라 말을 못 쓰게 했단 말이야? 정말 못됐다. 그럼 '다꽝' 외에도 일본어 잔재로 남아 있는 단어들이 많이 있어?

우리가 사용하는 표현 중에는 일본식 한자어, 일본식 영어 표현이 많이 섞여 있습니다.

4. 문법

예를 들면 밧데리(배터리), 기스(흠집), 모찌(찹쌀떡), 낑깡(금귤), 나시(민소매), 땡땡이(물방울무늬) 등이 있습니다.

이외에도 간지(멋지다), 와사비(고추냉이) 역시 일본어의 잔재입니다.

우와, 무의식적으로 사용하는 단어 중에 일본어 잔재가 이렇게나 많이 섞여 있었다니! 설마 이 리모컨도 일본어의 잔재인 건 아니겠지?

리모컨은 한국식 영어 표현으로 '리모트 컨트롤러'를 줄여서 만들어졌습니다.

한국식 영어 표현? 그럼 리모컨은 영어가 아니란 말이야?

네, 리모컨은 한국에서만 사용하는 표현입니다.

이외에도 웹툰(웹코믹스), 선크림(선스크린), 가스레인지(가스스토브), 세트 메뉴(콤보), 슈크림(커스터드 크림) 모두 영어처럼 사용하고 있지만 실제로는 적합하지 않은 영어 표현들입니다.

 정말 충격적이야……

이러다가 빵이나 가방도 전부 외국어라고 해도 믿겠어!

 빵과 가방 역시 외래어가 맞습니다. 빵은 포르투갈에서, 가방은 네덜란드에서 유래되었습니다.

말이나 매 같은 동물의 이름은 몽골어에서, 가위는 여진에서 유래되었으며 고무와 망토는 프랑스에서 온 외래어입니다.

 이때, 외래어란 다른 나라에서 들어온 말이지만 우리말로 굳어진 것을 말합니다.

나는 충격에 휩싸이고 말았다. 내가 쓰고 있는 단어들의 대부분이 외국에서 온 표현이었기 때문이다. 그때, 건희가 고개를 절레절레 흔들며 말했다.

"와, 진짜 대박이다. 앞으로 조금이라도 외국어 같은 표현은 다 '믿. 거'해야지."

나는 '믿.거'가 대체 무슨 말이냐고 되물었다. 그러자 건희는 '믿고 거른다'는 뜻이라며, 도리어 '누나는 이런 것도 몰라?' 하고 소리쳤다.

"야, 너는 외래어보다 줄임말 쓰는 것부터 좀 고쳐. '믿.거'가 뭐냐?"
"왜 그래? 친구들도 다 쓰는 말인데."
"다들 쓰는 말이라고 해서 괜찮은 건 아니거든? 그런 게 하나둘 쌓여서 우리말을 훼손시키는 거라고."
"쳇, 잘난 척은. 누나도 우리말에 대해 잘 모르면서."
"모르기는 누가 모른다고 그래. 대결할래? 누가 더 우리말에 대해 잘 아는지?"
"흥, 그러든가! 무조건 내가 이길걸?"

치치야. 우리말과 우리말이 아닌 것을 구분할 수 있는 문제를 내줄래? 외래어랑 일본의 잔재로 남은 단어들도 섞어서 사지선다로.

좋습니다! 아래는 사지선다 문제입니다.

❶ 다음 중 우리말인 단어는?

가. 비누
나. 스테이크
다. 오뎅
라. 냉장고

❷ 일본어 잔재로 남은 단어는?

가. 비닐봉지
나. 커트라인
다. 고객
라. 홍차

❸ 외래어가 아닌 것은?

가. 버스
나. 눈썹
다. 라디오
라. 냄비

4. 문법

치치가 내준 문제는 생각보다 어려웠다. 일상생활에 깊이 녹아들어 있어 어떤 것이 우리말이고 어떤 것이 우리말이 아닌지 구분하기가 까다로웠기 때문이다. 나는 한참 고민한 끝에 답을 작성했다. 그러고는 건희와 비교해 보았다. 내가 내놓은 답은 '가, 다, 나'였고 건희의 답은 '다, 라, 가'였다.

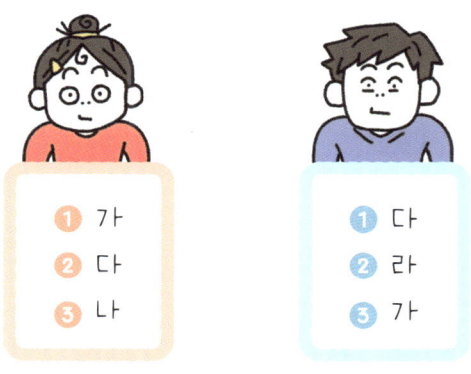

치치야. 네가 낸 문제의 답을 알려 줘.

네, 사지선다 문제의 답안입니다.

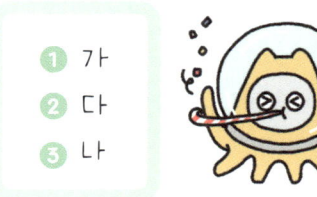

"와! 다 맞았다!"

"에이, 뭐야. 나는 하나도 못 맞혔잖아?"

"거봐. 너보다는 내가 더 우리말을 아끼고 사랑한다니까?"

"치, 짜증 나."

"그런 부정적인 말도 되도록 쓰지 않는 게 좋다고~ 맞지, 치치야?"

네, 그렇습니다.
올바른 우리말을 사용하기 위해서는
다음과 같은 점을 주의해야 합니다.

1. 불필요한 외국어 사용을 줄인다.
2. 줄임말을 사용하지 않는다.
3. 욕설이나 비속어를 사용하지 않는다.
4. 배려하는 말을 사용한다.
5. 긍정하는 말을 사용한다.

"흥, 이건 나만 해야 할 게 아니라 우리 가족들 전부 실천해야 한다고 생각해."

"그건 그래. 엄마, 아빠도 일본식 표현을 자주 쓰시니까. 언니는 외래어를 자주 사용하고 있고."

나는 곧장 휴대폰에 메모를 했다. 다음 주 가족회의 시간에는 '올바른 우리말 사용하기'를 안건으로 제안해 볼 생각이다. 외래어나 일본의 잔재가 남은 표현을 사용할 때마다 벌점을 쌓아서 아주 무시무시한 벌칙을 받는 것으로 말이다. 이렇게 하면 우리말을 조금이나마 오래 보존할 수 있겠지?

INFORMATION

공부를 하다보면 내가 완벽히 알고 있는지, 제대로 숙지하고 있는지 궁금할 때가 있을 거예요. 그럴 땐 대화형 인공지능에게 문제를 출제해 달라고 요청해 보세요. 지금까지 나눈 대화 내용을 바탕으로 나에게 꼭 맞는 문제를 내 준답니다. 왜 정답인지 또는 왜 틀렸는지 알 수 없을 때도 대화형 인공지능에게 물어보면 이해하기 쉽게 알려 줘요.

교과 연계

4학년 1학기 | 한글의 특성 이해하기, 한글을 소중히 여기는 마음 지니기
5학년 2학기 | 우리말이 훼손된 사례 살펴보기
6학년 1학기 | 올바른 우리말 사용하기

모양이 다른데 소리가 비슷해!

소리가 비슷한 낱말을 알아보고, 맞춤형 문제 풀기

며칠 전, 학교를 마치고 집으로 가려는데 갑작스레 소나기가 쏟아졌다. 마지막 교시인 체육을 끝마친 지 얼마 되지 않아 땀으로 흠뻑 젖어있었는데, 그 위로 빗줄기가 쏟아져 내린 것이다. 비를 맞으며 집으로 걸어갈 때까지만 해도 차라리 시원해서 잘됐다고 생각했는데, 저녁을 먹자마자 생각이 달라졌다. 그새 감기 기운이 들어 몸이 으슬으슬 떨려왔기 때문이다.

"소희야, 어디 아프니? 안색이 안 좋은데."

엄마의 물음에 나는 고개만 저었다. 소나기를 맞으며 집에 왔다는 이야기를 하면 크게 혼이 날 것 같아서였다. 결국 나는 오늘따라 조금 피곤하다며 일찍 들어가 보겠다는 말만 남기고 방으로 쏙 들어왔다. 이불을 턱 끝까지 끌어 덮고 잠을 청했지만 도무지 잠이 오지 않았다. 결국 새벽녘이 다 되어서야 엄마를 깨웠다.

"엄마, 나 몸이 너무 아파."

엄마는 화들짝 놀라며 침대에서 몸을 일으켰다. 비상용으로 사다 둔 감기약을 먹이고, 따뜻한 찜질팩을 배 위에 얹어 주었다. 그렇게 엄마 품에서 한두 시간을 자고 나니 덜덜 떨리던 기운은 사라졌지만 여전히 코끝이 맹맹했다.

"안 되겠다. 오늘은 학교 가지 말고 푹 쉬어."
"어? 학교에 가지 말라고?"
"그래. 괜히 갔다가 더 크게 아프지 말고 하루 쉬자. 엄마가 담임 선생님께 연락드릴게."

학교에 가지 않아도 된다는 말을 들으니 어쩐지 몸이 날아갈 것처럼 가벼워졌지만, 조용히 이불에 얼굴을 파묻은 채 기다렸다. 선생님과의 통화를 끝마친 엄마가 들어와 약과 죽이 놓인 위치를 설명해 주셨다. 그러고는 혹시라도 엄마가 퇴근하기 전에 아프면 언니와 함께 병원에 가 보라고 하셨다. 나는 알겠다고 당차게 대답했다. 엄마는 어쩐지 미덥지 않다는 얼굴이었지만 시간이 늦어 황급히 출근을 하셨다.

"크크, 이럴 때는 아픈 것도 좋네."

4. 문법

나는 침대에 누워 팔다리를 쭉 늘였다. 평일 한낮에 혼자 집에 있으려니 기분이 이상하기도 하고, 좋기도 했다. 한참을 빈둥거리며 동영상을 보고 있는데 친구에게서 문자 한 통이 날아왔다.

> 소희야! 너 오늘 아프다며?

> 응. 감기. ㅜㅜ

> 어떡해~ 얼른 낳아!

나는 휴대폰이 뚫어져라 바라보았다. 감기가 달걀도 아니고 어떻게 낳으라는 거야? 어처구니가 없었지만 '그래, 고마워.' 하고는 메시지 창을 닫아 버렸다. 차마 맞춤법이 잘못되었다고 지적할 수는 없었기 때문이다.

치치야. 친구가 '낳아'랑 '나아'를 헷갈렸나 봐. 둘은 전혀 다른 단어인데. 어쩌다 헷갈리게 된 걸까?

'낳아'와 '나아'는 발음이 유사하고 비슷한 자음을 가지고 있기 때문에 혼동하기 쉬울 수 있습니다.

아하, 발음할 때 나는 소리가 비슷해서 그런 거였구나. '낳아'랑 '나아'처럼 발음이 비슷한 단어에는 또 어떤 게 있지?

한국어에는 발음이 유사한 단어가 많이 있습니다. 몇 가지 예를 들어 보겠습니다.

마치다

어떤 일이 끝나다

맞히다

목표를 겨냥한 지점에 맞게 하다

4. 문법

반드시

틀림없이 꼭

반듯이

물건이 삐뚤어지지 않고 바르게

닫히다

문이나 서랍 등이 다른 것에 의해 닫아지다.

다치다

몸의 어느 부분을 맞거나 부딪쳐 상처가 나다.

붙이다

맞닿아 떨어지지 않게 하다.

부치다

편지나 물건 등을 일정한 수단이나 방법을 써서 상대에게 보내다.

갔다

한 곳에서 다른 곳으로 이동했다.

같다

서로 다르지 않다.

우와, 생각보다 많네?
제대로 알아 두지 못하면 나도 친구처럼
맞춤법을 틀리는 일이 생기겠어.

위에 적힌 단어들을 내가 잘 알고 있는지
확인할 수 있게 선택하기 문제를 내 줄래?

좋습니다!
아래는 발음이 유사한 단어들을 이용한
선택하기 문제입니다.

- 1번 문제의 답은 3번이 (맞습니다/맡습니다)
- 비가 와서 우산을 (받칩니다/바칩니다)
- 우리 반 친구들이 의자에 (반드시/반듯이) 앉아 있다.
- 우리 가족은 (같이/가치) 배드민턴을 쳤다.
- 몇 (걸음/거름)만 더 가면 우리 집이다.
- 이야기 나라에 (같다/갔다) 온 것 같아.
- 뜨거운 국은 (시켜서/식혀서) 드세요.

나는 문제를 하나씩 풀어 나가기 시작했다. 치치에게 채점을 요구하자 정답을 모두 맞혔다며 축하를 해 주었다.

치치야. 이번 문제는 너무 쉬웠던 것 같아.
혹시 조금만 더 어렵게 내줄 수 있어?

4. 문법

> 네, 알겠습니다.
> 제가 만든 문제는 다음과 같습니다.

- 친구가 책 읽기를 다 (맞힐/마칠) 때까지 잘 들어라.
- 오누이는 (닫히지/다치지) 않고 하늘로 올라갔어요.
- 생각보다 물이 (깊다/갚다).
- 선생님께서 칭찬 딱지를 (부쳐/붙여) 주셨다.
- 집에 (있다가/이따가) 학교에 갔다.
- ✓ 고무줄을 길게 (늘이다/느리다).
- ✓ 사격 선수가 10점을 (마치고/맞히고) 기뻐했다.

 이번에는 쉬운 문제도 있었지만 여러 번 고민해야 할 만큼 어려운 문제도 있었다. 나는 차근히 문제를 푼 뒤 치치에게 내밀었다. 그러자 치치는 '늘이다'와 '맞히다' 두 문제를 틀렸다며 지적해 주었다.

> 으, 진짜 어렵네. 분명 모양이 다른데 소리가 비슷하게 나는 이유가 뭐지?

> 글자가 발음될 때 다른 자음이나 모음의 영향을 받기 때문입니다.

예를 들어 '맞히다', '닫히다', '식히다'와 같은 단어의 경우 앞말의 받침 'ㅈ', 'ㄷ', 'ㄱ'이 뒷말 'ㅎ'의 영향을 받아 'ㅊ'과 'ㅋ'으로 변하여 [마치다], [다치다], [시키다]로 발음됩니다.

ㅈㄷㄱ+ㅎ → ㅊㅋ

글자들끼리 서로 영향을 주고받는다는 거지? 또 다른 예시에도 알려 줄 수 있을까?

이외에도 '갔다', '깊다', '맞다' 등은 [갇따], [깁따], [맏따]로 발음되는데 이는 어떤 받침이든 'ㄱ, ㄴ, ㄷ, ㄹ, ㅁ, ㅂ, ㅇ'으로만 발음되는 규칙이 있기 때문입니다.

따라서 '읽다', '앉다', '섞다'와 같은 겹받침 역시 [익따], [안따], [석따]로 발음됩니다.

ㄱㄴㄷㄹㅁㅂㅇ

생각해 보니 그러네? '닭'을 발음할 때도 [닥]이라고만 하지, 리을과 기역을 한꺼번에 발음하지는 않으니까.

4. 문법

정말 신기하다! 그래서 발음이 비슷해지고, 헷갈리는 단어가 생기는 거구나.

맞습니다! 한글에서는 자음과 모음의 조합으로 단어를 만들기 때문에 발음과 철자의 관계가 매우 중요합니다.

때로는 비슷한 발음을 가진 단어들이 서로 다른 의미를 갖게 되기도 하며, 때로는 발음이 다른데 철자가 비슷하여 혼동될 수도 있습니다.

치치의 말에 그렇구나, 하며 고개를 끄덕이는데 방문이 벌컥 열렸다. 문 앞에는 언니가 서 있었다.

"야, 김소희. 너 아프다며? 괜찮아?"
"응, 어제보다는 괜찮은 것 같아. 근데 언니 왜 벌써 왔어?"
"뭘 벌써 와? 지금 시간이 몇 시인데."

언니의 말에 황급히 고개를 돌려 보았다. 시간은 이미 오후를 훌쩍 넘어 저녁을 향해 가고 있었다. 치치와 대화를 나누며 공부를 하느라 시간 가는 줄도 모르고 있었다니! 오랜만에 텔레비전이나 실

컷 보며 뒹굴뒹굴하려던 계획은 망쳐 버렸지만, 그래도 치치와 함께 의미 있는 시간을 보낸 것 같아 뿌듯했다.

INFORMATION

대화형 인공지능은 나의 수준에 꼭 맞는 문제를 내줄 수 있어요. 문제가 너무 어렵거나 쉽다면 난이도를 바꾼 뒤 한 단계씩 실력을 늘려나가 보세요. 문제의 수준을 스스로 조절할 수 있으니까 훨씬 편하고, 효율적으로 공부할 수 있을 거예요.

교과 연계

1학년 1학기 | 받침이 없는 글자와 낱말, 받침이 있는 글자와 낱말, 여러 가지 받침
2학년 1학기 | 소리가 비슷한 낱말에 주의하며 글 읽기
4학년 2학기 | 낱말 사이의 의미 관계

높이고 빗대고!
관용 표현에 대해 알아보고 실제 대화에서 활용하기

    오늘은 해찬이와 함께 수행 평가 준비를 하기로 했다. 2인 1조가 되어 배드민턴을 쳐야 하는데 우리 반 학생이 홀수라 같은 시간에 체육을 듣는 해찬이와 짝이 되었기 때문이다. 학교 운동장에 모여 실컷 배드민턴을 치고 나니 두 시간이 훌쩍 지나 있었다. 배드민턴 채를 가방에 집어넣으며 시원한 아이스 초코를 마시고 싶다고 중얼거리자 해찬이 역시 목이 마르다며 고개를 끄덕였다.

    우리는 학교 근처에 있는 카페로 향했다. 아이스 초코 두 잔을 주문한 뒤 자리에 앉자 차디찬 에어컨 바람이 피부 위로 내려앉았다. 얼마 지나지 않아 진동 벨이 지이잉, 하고 울렸다. 벌떡 일어나 카운터 앞으로 향하는데 남자 아르바이트생이 밝게 웃으며 말했다.

"아이스 초코 두 잔 나오셨습니다."

나는 고개를 갸웃거리며 음료를 자리로 가져갔다.

"해찬아. 원래 음료 주문하면 '음료 나오셨습니다.'라고 말해?"
"어…… 글쎄? 나도 잘 모르겠는데. 보통은 뭐라고 얘기하는데?"
"'음료 나왔습니다.' 그렇게 말하지."
"그렇구나. '나왔습니다'랑 '나오셨습니다'랑 뭐가 다른데?"

나는 해찬이에게 설명을 해주려다 포기하고 얼른 치치를 불렀다. 이런 부분은 치치를 따라올 사람이 없기 때문이다.

치치야. '나왔습니다'랑 '나오셨습니다'랑 뭐가 달라?

'나왔습니다'와 '나오셨습니다'는 둘 다 '나오다'의 과거형이지만 차이가 존재합니다.

'나왔습니다'는 '나오다'의 과거형으로 예를 들어 '얼마나 급했는지 옷을 거꾸로 입고 나왔습니다.'와 같이 사용됩니다.

'나오셨습니다'는 예를 들어 '선생님께서는 오늘도 일찍 학교에 나오셨습니다.'와 같이 행동하는 사람을 높여줄 때 사용됩니다.

오, 그러니까 '나오셨습니다.'는 굉장히 정중한 표현인 거네.

그럼 '음료 나오셨습니다.'는 잘못된 표현이겠지?

네, 그렇습니다. 상대방을 높이기 위해 상대방과 관련된 사물에까지 높임을 잘못 적용한 사례입니다.

그럼 정확히 어떨 때 높임 표현을 사용해야 하는 거야?

높임 표현은 듣는 사람이 웃어른일 때, 행동하는 사람이 웃어른일 때, '누구에게'에 해당하는 사람이 웃어른일 때 사용할 수 있습니다.

그럼 높임 표현에 대한 예시를 몇 가지만 알려 줄래?

네. 높임을 표현하는 방법에는 다음과 같은 예시가 있을 수 있습니다.

❶ '-요' 또는 '-습니다'를 써서 문장을 끝맺습니다.

좋겠습니다. / 하겠습니다. / 그럴까요?

❷ 높임을 나타내는 '-시-'를 넣습니다.

오시니? / 하시나요?

❸ 높임의 대상에게 '-께'나 '-께서'를 사용합니다.

할머니께 / 선생님께서

❹ 높임의 뜻이 있는 특별한 낱말을 사용합니다.

진지(밥) / 여쭈어보다(물어보다)

높임을 표현하는 데에도 여러 가지 방법이 있구나.

4. 문법

높임 표현을 연습해 보고 싶은데 연습 문제를 만들어 줄 수 있을까?

네, 알겠습니다. 다음은 높임 표현을 익힐 수 있는 문제입니다.

다음 문장을 높임 표현을 사용하여 올바르게 고쳐 보세요.

할아버지가 밥을 먹고 거실에 누웠다.

할아버지가 진지를 잡수시고 거실에 누우셨다.

아버지께서 할아버지께 신문을 가져다주었다.

아버지께서 할아버지께 신문을 가져다드리셨다.

큰어머니가 할아버지를 데리러 기차역에 나갔다.

큰어머니가 할아버지를 모시러 기차역에 나가셨다.

손님, 이 휴대폰은 5G를 지원하고 있으세요.

손님, 이 휴대폰은 5G를 지원하고 있어요.

소원이는 선생님에게 물어볼 것이 있다.

소원이는 선생님께 여쭤볼 것이 있다.

 어때? 이렇게 고치면 될까?

 네, 맞는 높임말 표현으로 수정하셨습니다.

"우와, 소희 너 되게 잘 안다."
"이 정도는 기본이지. 참, 해찬아. 우리 수행 평가가 언제라고 했지?"
"다음 주 수요일."
"진짜 며칠 안 남았네. 손발을 맞추려면 연습을 더 자주 해야겠어."
"손발을 맞춘다고? 우리 배드민턴 연습하고 있는 거 아니었어?"
"그러니까 손발을 맞춰야지. 랠리를 10번 이상은 해야 하는데 한 몸인 것처럼 호흡을 맞추지 않으면 금방 실패하고 말 테니까."
"아, 그런 의미였구나. 근데 그냥 호흡을 맞춘다고 하면 되지, 왜 손발을 맞춘다고 하는 거야?"
"그야……."

해찬이의 질문에 말문이 턱 막혔다. 습관적으로 사용하던 표현일

뿐, 왜 사용하는지는 전혀 모르고 있었기 때문이다. 그때, 해찬이가 손을 들고 나섰다.

"내가 치치한테 물어볼게."

치치야. 호흡을 맞춘다는 표현 대신 손발을 맞춘다는 표현을 사용하는 이유를 알려 줄 수 있을까?

 '손발을 맞추다'는 관용 표현으로, 원래의 뜻과는 다른 새로운 뜻으로 굳어져 쓰는 표현입니다.

이러한 관용 표현을 사용하면 말을 길게 하지 않아도 전달하고자 하는 내용을 한 번에 전달할 수 있으며, 듣는 이의 기분을 상하지 않게 전달할 수 있고, 듣는 이의 관심을 불러일으킬 수 있습니다.

아, 그런 표현을 '관용 표현'이라고 하는 거구나. 관용 표현에는 어떠한 것들이 있지?

관용 표현에는 크게 관용어와 속담이 있습니다.

관용어는 '코가 납작해지다', '손발이 맞다'처럼 둘 이상의 낱말이 결합하여 원래의 의미와는 다르게 습관적으로 굳어져 사용하는 말입니다.

속담은 '가는 말이 고와야 오는 말이 곱다', '세 살 버릇 여든까지 간다'처럼 예로부터 민간에서 전해져 내려오는 쉬운 격언이나 잠언을 말합니다.

속담도 관용 표현 중 하나였구나. 그렇게 들으니까 훨씬 이해가 되는 것 같아. 일상생활에서 사용할 수 있는 관용 표현에는 무엇이 있는지 알려 줘.

네. 다음은 대표적으로 사용되는 관용 표현입니다.

손꼽아 기다리다
기대에 찬 마음으로 날짜를 꼽으며 기다리다

천하를 얻은 듯
매우 기쁘고 만족스럽다

눈 깜짝할 사이
매우 짧은 순간

4. 문법

돌다리도 두들겨 보고 건너라
잘 아는 일이라도 세심하게 주의하라

금이 가다
서로의 사이가 벌어지거나 틀어지다

막을 열다
무대 공연이나 어떤 행사를 시작하다

쇠뿔도 단김에 빼라
준비되었을 때 당장 행동에 옮겨라

간이 크다
겁이 없고 매우 대담하다

발 벗고 나서다
자신의 일처럼 적극적으로 나서서 돕다

재미있는 표현들이 정말 많네?

나도 이런 말들을 익혀서 쓸 수 있다면 좋을 텐데.

그럼 치치랑 같이 연습해 볼래?

그럴 수 있어?

그럼!

해찬이 네가 관용 표현을 익힐 수 있도록 치치가 문제를 내줄 거야.

치치야. 관용 표현을 익힐 수 있도록 빈칸 채우기 문제를 내줘.

아, 그리고 관용 표현의 뜻을 알아맞히기 위해서는 어떻게 해야 하는지도 알려 줘.

관용 표현의 뜻을 추론하기 위해서는 글 앞뒤의 내용을 잘 살펴보아야 합니다.

표현에 쓰인 낱말이 평소 어떤 의미로 쓰이고 있는지 생각해 본 후 그러한 표현을 쓴 의도를 생각해 보면 쉽게 추론할 수 있습니다.

다음은 관용 표현을 익히기 위한 빈칸 채우기 문제입니다.

다음 문장을 읽고 알맞은 관용 표현을 채워 넣으세요.

❶ 사려고 했던 장난감이 20%나 세일을 한다는 말에 (눈이 번쩍 뜨였)다.
: 정신이 갑자기 들다.

❷ 우리 할머니는 (손이 커서) 동네 사람들이 좋아했다.
: 씀씀이가 후하고 크다.

4. 문법

③ 친구는 (입이 무거워서) 내가 어떤 이야기를 해도 잘 지켜 주었다.
: 비밀을 잘 지킨다.

④ 오밤중에 나간다고 말하자 엄마는 "넌 진짜 (간이 부었구나?)"하고 소리쳤다.
: 겁이 없다.

⑤ 공부를 게을리했더니 결국 시험에서 (미역국을 먹고) 말았다.
: 시험에서 떨어지다.

열심히 문제를 푸는 해찬이 앞에서 아이스 초코를 쪽쪽 빨아 마셨다. 시원한 음료가 목구멍을 타고 넘어갈 때마다 정수리가 저릿저릿했다.

"다 풀었다!"
"그럼 잘 풀었는지 치치한테 물어볼까?"

나는 치치에게 채점을 부탁했다. 그러자 치치는 정답을 모두 맞혔다며 잘했다고 칭찬해 주었다.

"오, 대단한데? 어렵다고 *두 손 두 발 다 들 줄 알았는데."
"이런 것쯤이야, *식은 죽 먹기지."

  우리는 서로의 얼굴을 마주 보고 웃었다. 관용 표현을 사용하니 대화가 훨씬 풍성하고 즐거워졌다. 그렇게 떠들며 땀을 식힌 뒤에야 우리는 각자의 집으로 흩어졌다. 앞으로 배드민턴 수행 평가까지 남은 시간은 단 5일! *개 발에 땀 나듯 열심히 해서 좋은 성적을 얻을 수 있도록 노력해야겠다.

※
'두 손 두 발 다 들다' : 자신의 능력으로 할 수 없어서 그만두다.
'식은 죽 먹기' : 아주 쉽게 할 수 있는 일.
'개 발에 땀 나듯' : 해내기 어려운 일을 이루기 위하여 부지런히 움직이다.

INFORMATION

대화형 인공지능은 인공지능일 뿐, 사람이 아니기 때문에 간혹 내가 원하는 대로 문제를 출제해 주지 않거나 전혀 엉뚱한 문제를 내줄 때도 있어요. 그럴 때는 당황하지 말고 내가 원하는 내용을 먼저 숙지시킨 후 그 내용을 바탕으로 문제를 내 달라고 요청해 보세요. 예를 들어 '틀리기 쉬운 맞춤법 목록'을 알려 달라고 한 후, 그 목록에서 문제를 출제해 달라고 부탁하는 거예요. 대화형 인공지능으로부터 원하는 답을 끌어내기 위해서는 질문을 잘하는 것 또한 하나의 요령이랍니다.

교과 연계

3학년 1학기 | 높임 표현을 사용하는 경우 알기, 높임 표현을 사용하는 방법 알기
3학년 2학기 | 대상에 따라 알맞은 높임 표현을 사용해 말하기
6학년 2학기 | 여러 가지 관용 표현의 뜻 알기

학습 포인트

(저학년) 낭독 및 감상, 작품 속 인물 상상, 감각적 표현, 인물·사건·배경

(고학년) 작품에 대한 생각과 느낌, 작품 속 세계와 현실 세계 비교, 비유적 표현의 특성과 효과, 일상 경험의 극화

5 문학

내가 주인공이 된다면?

이야기 속에서 인물, 사건, 배경 찾기

오늘의 종례는 도서실에서 이루어졌다. 국어가 마지막 교시였는데 교과서로 공부를 하는 대신, 다 같이 도서실로 내려와 책을 읽었기 때문이다. 선생님께서는 반드시 책을 제자리에 꽂아둔 후 집으로 돌아가라고 당부하셨다. 나는 읽던 책을 책장에 꽂으려다 마음을 돌렸다. 미처 읽지 못한 뒷이야기가 궁금해 결국 책을 대출받은 뒤 집으로 향했다.

가방을 벗어 던지자마자 나는 책을 들고 소파에 앉았다. 책 제목은 〈이토록 재미없는 열세 살〉로, 누군가 주인공 '준희'를 대신해 준희가 짝사랑하는 '지우'에게 고백 편지를 보내 곤욕을 치르는 내용이었다. 나는 읽다 만 페이지를 펼친 뒤 천천히 읽어 내려갔다.

아마도 그때부터였던 거 같다. 내가 떨어트린 지우개를 지우가 대신 주워 준 날.

"고마워, 지우야."
"아니야. 뭘 이 정도로!"

우리가 나눈 대화는 그게 전부였지만 운찬이는 뭐가 그렇게 신이 나는지 어깨를 들썩였다.

"뭐야, 뭐야? 지우 보던 눈빛이 심상치 않던데? 사랑에 빠졌어? 내가 좀 도와줘?"

"뭐래. 대화 한 번 한 거 가지고 이상한 상상은."

그렇게 웃어넘겨선 안 됐는데. 그날 이후로 운찬이는 필요하지도 않은 도움을 주겠다며 반 아이들을 한 명, 한 명 붙잡고 소문을 퍼트리기 시작했다. 내가 지우를 좋아한다고!

"야. 하지 마."
"정말 하지 말라니깐?"
"진심이야! 하지 마! 제발!"

운찬이한테 하지 말란 말을 몇 번이나 했는지 모르겠다. 우리 집 강아지 루비도 하지 말란 말을 두 번 정도 하면 얼추 알아듣는데, 운찬이는 귀를 꽉 닫아 버렸다. 몇 번이고 반복한 내 경고를 무시한 운찬이는 결국 사고를 치고 말았다.

교실로 들어가 보니 칠판에 '준희 ♡ 지우'라는 글자가 대문짝만하게 적혀 있었다. 누가 봐도 운찬이 짓이었다. 내가 그렇게나 부탁했는데! 운찬이의 뻔뻔함에 내 마음이 '펑!'하고 터져 버렸다. 더는 봐 줄 수가 없었다. 나는 연필을 꾹꾹 눌러가며 결투장을 만들었다.

지우 이야기 좀 그만해. 너는 이런 장난이 재밌어?
내가 좋아할 줄 알았냐고! 옥상에서 얘기 좀 하자!

……분명 그랬는데, 옥상으로 찾아온 건 다름 아닌 지우였다. 결투장의 내용 또한 몰라보게 변해 있었다.

지우   너
 좋아   ! 옥상에서 얘기 좀 하자!

자세히는 몰라도 이것 또한 운찬이의 짓일 게 분명했다. 부글부글 끓어오르다 식어 버린 마그마처럼 내 마음도 새카맣게 변해 있었다. 나는 계단을 세 칸씩 성큼성큼 뛰어 내려갔다.

"야, 기운찬!"

그런데 운찬이는 내 마음도 모른 채 여전히 해맑게 웃고 있었다.

"어때? 잘 됐어? 지우가 고백을 받아 줬어? 그럼 이제 어떻게 되는 거야? 사귀는 거야? 내 덕이지? 내 덕 맞지?"

그 모습이 어찌나 얄미운지 결국 운찬이에게 소리를 버럭 지르고 말았다.

"너 정말 그러는 거 아니야! 내가 이상한 소문 내지 말라고 했잖

아. 다 너 때문이야. 다 너 때문이라고, 기운찬! 앞으로 나한테 절대, 절대 말 걸지 마!"

"허! 왜 도와준 사람한테 화를 내고 그러냐? 너 지우 좋아하잖아. 아니야?"

운찬이의 말 한마디에 다리 힘이 주르륵 풀려 버렸다. 운찬이는 정말 모르는 걸까 아니면 모르는 척을 하는 걸까. 내가 이렇게나 화가 났는데! 으, 하여튼 정말 싫다. 기운찬! 진짜 싫어!

여기까지 읽은 나는 책장을 탁 덮었다. 주인공 준희의 입장에 너무 몰입한 나머지 내가 얼굴이 화끈거려 더 이상 읽을 수가 없었기 때문이다. 저렇게 창피한 방법으로 차이다니! 나는 옆에 놓인 쿠션을 주먹으로 팡팡 내리쳤다.

으, 치치야. 책을 읽고 있는데 주인공의 처지에 너무 몰입이 돼서 힘들어…….

이해합니다. 몰입해서 책을 읽는 것은 때로 정말 힘들 수 있습니다.

5. 문학

주인공의 이야기에 감정적으로 공감하고 그들의 여정에 몰두하다 보면 현실에서도 벗어나기 어려울 수 있습니다.

특히 공감 능력이 좋은 사람은 필요 이상으로 타인에게 감정 이입을 하는 경향이 있기 때문에 소설이나 드라마, 영화 속 인물이 창피를 당하거나 어려움을 당할 때 TV를 끄거나 자리를 뜨고 싶은 충동을 느낄 수 있습니다.

그렇구나. 나는 공감 능력이 좋은 편인가 봐. 그럼 몰입하지 않고 책을 읽을 수 있는 방법은 없을까?

책을 읽을 때 몰입하지 않으면 감정적으로 더 편안할 수도 있습니다.

하지만 인물에게 공감하지 않을 경우 이야기에 대한 흥미와 몰입도가 떨어지며 스스로의 감정과 생각을 되돌아볼 기회가 줄어들 수 있습니다.

하지만 너무 과하게 몰입하는 것도 힘들단 말이야. 어느 정도 거리를 유지하면서 책을 재미있게 읽을 수 있는 방법을 알려 줘.

네, 그럼 글을 재미있게 읽을 수 있는
방법을 알려 드리겠습니다.

① 인물, 사건, 배경을 생각하며 읽습니다.

② 인물이 추구하는 삶은 무엇인지 파악하며 읽습니다.

③ 인물의 삶과 자신의 삶을 관련 지어가며 읽습니다.

그렇게만 들으니까 잘 모르겠네.
첫 번째 방법부터 자세히 설명해 줄래?

인물, 사건, 배경은 이야기를 구성하는 데
꼭 필요한 요소입니다. 인물은 이야기에서 어떤 일을 겪는
사람이나 사물, 사건은 이야기에서 일어나는 일,
배경은 이야기가 펼쳐지는 시간과 장소를 말합니다.

또한 '언제'에 해당하는 것은 시간적 배경,
'어디에서'에 해당하는 것을 공간적 배경이라고 말합니다.
이러한 인물, 사건, 배경을 파악하는 것은
이야기의 내용뿐만 아니라 앞으로의 전개 방향,
인물 간의 관계, 갈등 구조를 파악하는 데 도움을 줍니다.

그러니까 인물, 사건, 배경을 중심으로
이야기를 읽어 나가면 쉽게 이해할 수 있다는 거지?

5. 문학

> 지금 내가 읽고 있는
> 〈이토록 재미없는 열세 살〉을 바탕으로
> 생각해 봐야겠다.

나는 〈이토록 재미없는 열세 살〉을 크게 인물, 사건, 배경으로 나누어 살펴보기로 했다.

인물 : 하준희, 기운찬, 허지우

사건 : 준희가 운찬이에게 쓴 결투장을
　　　'고백 편지'로 오해한 운찬이가 그 편지를
　　　지우에게 건네며 오해가 생겼다.

배경 : 학교

> 이렇게 정리해 놓고 보니까 훨씬 깔끔하네.
> 이야기의 구조도 알 수 있고,
> 과몰입도 덜 할 수 있게 되었고 말이야.

> 그럼 두 번째, 인물이 추구하는 삶을
> 파악한다는 건 어떤 의미야?

> 이야기 속에 등장하는 모든 인물은
> 나름의 가치관을 가지고 있습니다.

이러한 가치관을 바탕으로 말하고, 행동하기 때문에 인물이 추구하는 삶이 무엇인지 파악하는 것을 통해 이야기가 전하고자 하는 메시지를 알 수 있습니다.

그렇구나. 어떻게 해야 인물이 추구하는 삶을 파악할 수 있지?

이야기 속에서 인물이 추구하는 삶을 파악하는 방법은 다음과 같습니다.

❶ 인물이 처한 상황을 알아본다.

❷ 인물이 처한 상황에서 어떻게 말하고 행동하는지 찾아본다.

❸ 인물이 한 말이나 행동에서 인물이 추구하는 삶과 관련 있는 가치를 찾아본다.

좋았어, 이것도 〈이토록 재미없는 열세 살〉을 이용해서 연습해 봐야겠다.

5. 문학

인물이 처한 상황 : 친구의 과한 장난 때문에 곤경에 처했다.

인물의 말과 행동 : 친구에게 화를 내며 '다시는 말을 걸지 말라'고 말했다.

인물이 추구하는 가치 : 믿음과 신뢰

이 이야기 속에서 봤을 때 준희는 상당히 소심한 친구인 것 같아. 그런데 내가 제대로 이해한 게 맞는 걸까?

준희가 소심한 게 아니라 복수심에 가득 차서 적당한 기회를 노리고 있는 것일 수도 있잖아.

아니면 정말로 지우를 좋아하고 있는 것일 수도 있고. 어떻게 해야 준희의 마음을 제대로 알 수 있지?

인물의 마음을 유추하기 위해서는 글에서 인물의 마음을 직접 나타내는 말을 찾아보는 것이 좋습니다.

예를 들어 '슬펐다', '기뻤다', '힘들었다'처럼 기분을 표현하는 말을 찾은 후 그런 마음이 든 상황이나 까닭이 나타난 부분을 살펴보아야 합니다.

그다음 인물은 어떤 표정을 지었는지,
어떤 행동을 했는지 살펴보면
인물이 어떤 마음인지 알 수 있습니다.

"준희의 마음을 나타내는 표현이라……."

책을 훑어보던 나는 두 문장을 손가락으로 콕 짚었다.

찾았다!

'운찬이의 뻔뻔함에 내 마음이 '펑!' 하고 터져 버렸다.'는
문장이랑 '부글부글 끓어오르다 식어 버린 마그마처럼
내 마음도 새카맣게 변해 있었다.'는 문장을 보면
준희가 얼마나 애타고, 화났는지 알 수 있을 것 같아.

잘했어요! 이러한 문장들을 통해
독자들은 준희의 감정과 가치관에 대해
알 수 있습니다.

인물이 중요하게 여기는 가치와
내가 중요하게 여기는 가치를 비교해 보세요.
만약 자신이 인물과 같은 상황에 처한다면
어떻게 행동할지 떠올려 보는 과정을 통해
다양한 삶의 모습에 대해 배울 수 있습니다.

5. 문학

음……. 나였다면 지우가 옥상으로 찾아왔을 때 곧장 운찬이의 짓이라고 말했을 것 같아.

준희는 '믿음과 신뢰'를 중요하게 생각해서 그 믿음을 깨 버린 운찬이에게 화를 냈지만, 나는 '사실'을 더 중요시하는 편이거든.

그러니까 운찬이랑 다투기 전에 지우랑 무엇이 사실이고, 무엇이 거짓인지에 대해 먼저 이야기를 나눴을 것 같아.

그 생각에도 일리가 있습니다.

이처럼 인물과 나의 가치관을 비교하며 갈등이 생기는 원인과 해결 과정을 살펴보면 이야기의 흐름을 쉽게 간추릴 수 있습니다.

그뿐만 아니라 인물의 행동이나 표정 등에 주의하며 읽게 되면 인물의 마음을 더 깊이 이해할 수 있고, 이를 통해 인물에게 본받고 싶은 점과 스스로 반성해야 할 점을 생각할 수 있습니다.

그렇게 객관적인 시선을 유지하며 책을 읽으면 감정적으로 동요되는 일도 적어질 거고. 맞지?

> 네, 이야기에 더 논리적으로 접근하여 캐릭터와의 공감을 넘어 이야기의 전체적인 의미와 교훈을 이해할 수 있도록 도와줍니다.

치치의 말을 듣고 나니 주인공 준희의 말과 행동이 더욱 잘 이해되었다. 더불어 처음에는 답답하게만 느껴졌던 준희의 모습에도 '나름대로 이유가 있겠지' 하고 받아들일 수 있게 되었다. 그러자 책을 읽을 때처럼 주변 친구들, 가족들도 천천히 살펴봐야겠다는 생각이 들었다. 사람들이 어떤 가치관을 가지고 행동하는지 관찰하다 보면 그들에 대해 더 깊이 있게 알 수 있지 않을까? 그럼 다투는 일도, 싸우는 일도 없이 잘 지낼 수 있을 거고. 누군가를 이해한다는 건 책을 읽을 때뿐만 아니라 인간관계에서도 꼭 필요한 일인 것 같다. 그렇지 치치야?

INFORMATION

이야기 속 인물이 추구하는 가치를 알게 되었다면 한 걸음 더 나아가 그 인물의 가치를 다른 것으로 바꾸어 이야기를 새롭게 만들어 보세요. 내가 추구하고 있는 가치여도 좋고, 인물이 기존에 추구하던 가치와 정반대의 것이어도 좋아요. 어렵게 느껴져도 걱정하지 마세요. 대화형 인공지능에게 이야기의 줄거리를 설명해 준 후 인물의 목표를 바꿔 달라고 부탁하면 새로운 이야기가 탄생할 테니까요. 이러한 과정을 통해 이야기 속에 등장하는 인물이 어떤 것을 추구하는지에 따라 갈등과 결말이 크게 달라짐을 깨달을 수 있답니다.

교과 연계

2학년 1학기 | 인물의 마음을 생각하며 글 읽기
3학년 2학기 | 글을 읽고 인물에 대해 이야기하기, 사건의 흐름을 파악하며 이야기 읽기
4학년 2학기 | 인물, 사건, 배경을 생각하며 이야기 읽기
6학년 2학기 | 작품 속 인물의 삶 살펴보기, 인물의 삶을 자신의 삶과 관련짓기

갈래를 바꿔 보자!
소설을 희곡으로 바꿔 보기

매년 5월이 되면 우리 학교에서는 축제가 열린다. 장기 자랑부터 동아리별 발표회, 벼룩시장 같은 것들이 진행되는데 올해는 특별히 반별로 연극 대회를 하게 되었다. 아이들끼리 의견을 나누어 연기자와 스태프를 나누었는데 나는 연극에 쓰일 대본을 쓰는 역할을 맡게 되었다. 얼마 전 열린 백일장에서 장원을 했다는 이유에서였다.

나는 한사코 거절했지만 선생님과 아이들 모두 '소희가 아니면 대본을 쓸 사람이 마땅치 않다'며 역할을 떠미는 바람에 나는 울며 겨자 먹기로 수락하고 말았다. 집으로 돌아온 나는 곧장 치치를 불렀다.

치치야, 큰일 났어!
연극 대회에 올릴 대본을 써야 하는데
나는 대본 같은 건 쓸 줄 모른단 말이야.

안심하세요! 연극 대본을 작성하는 일이 처음에는 어려울 수 있지만, 제가 도와드리겠습니다.

대본 작성과 관련하여 어떤 도움이 필요한지 알려 주세요. 극본 작성을 위해 어떤 장르, 주제, 캐릭터, 또는 이야기를 고려하고 계신가요?

그리고 극본에 대해 어느 정도의 지식이 있는지도 알려 주세요. 최선을 다해 도와드리도록 하겠습니다.

네가 있어서 정말 다행이야.

난 극본에 대해 아는 게 하나도 없어. 우선 대본이라는 게 어떤 건지부터 설명해 줄래?

물론이죠. 연극은 배우들이 무대 위에서 연기를 하는 예술 형태를 말합니다.

이러한 작품을 공연하기 위해서는 대본이 필요한데 이를 극본이라고 부릅니다.
극본에서 이야기는 해설, 지문, 대사로 나타내며 지문은 인물의 행동을, 대사는 인물의 말을 뜻합니다.

아, 그렇구나. 무대 위에서 극이 잘 진행되려면 극본을 꼼꼼하게 써야겠네. 지문이랑 대사는 알겠는데 해설은 뭐야?

해설은 장소와 시간, 나오는 사람, 무대와 무대 바뀜 등을 설명하는 부분입니다.

예를 들어 시간이 낮에서 밤으로 바뀌었거나 장소가 학교에서 집으로 바뀌었다면 새로운 장면이 시작되었음을 알려 주고, 그 장면에는 어떤 인물들이 등장하는지 적어 주면 됩니다.

그러고 보니 예전에 뮤지컬 '흥부와 놀부'를 보러 갔을 때도 비슷한 경험을 한 적이 있어. 분명 놀부네 집을 보고 있었는데 무대 위의 커튼이 닫혔다가 열리니까 흥부네 집으로 바뀌어 있었거든.

네, 맞습니다. 그런 효과를 '장면 전환'이라고 합니다.

그렇구나. 내가 극본으로 만들고 싶은 이야기는 '피노키오'인데, 소설을 극본으로 바꾸려면 어떻게 해야 하지? 소설은 장면으로 나누어져 있지 않고 처음부터 끝까지 길게 이어져 있잖아.

5. 문학

소설을 극본으로 바꾸어 쓰기 위해서는 먼저 소설과 극본의 차이에 대해 분명하게 알아야 합니다.

소설은 이야기 형식을 갖추어 꾸며낸 글로 대부분 '~했다.'와 같은 서술로 이루어집니다. 글을 읽으며 독자가 상상할 수 있도록 자세하고 구체적으로 묘사하는 것이 특징입니다.

반면 극본은 공연의 준비 단계이기 때문에 관객이 직접 눈으로 보고, 즐길 수 있도록 하는 것이 중요합니다. 그러므로 묘사 대신 조명, 의상, 배우들의 움직임과 소품 등 연출에 신경 쓰는 것이 더 중요합니다.

소설은 내가 직접 읽으며 머릿속으로 상상해야 하지만, 연극은 직접 눈으로 볼 수 있다는 점이 큰 차이겠구나. 내가 보여 주고 싶은 장면을 구체적으로 적는 것이 좋겠네.

그럼 이제 극본을 작성해 볼까? 제페토 할아버지가 생명을 얻은 피노키오와 마주치는 장면을 써 보면 좋겠어. 그 장면이 내가 가장 감동적이라고 느낀 부분이거든.

좋습니다. 제페토 할아버지와 피노키오가 처음 만나는 장면을 극본으로 작성해 보겠습니다.

아래 예시를 참고해 주세요.

때

이른 아침

곳

제페토 할아버지의 작은 작업실

나오는 사람들

제페토 할아버지, 피노키오

제페토 할아버지가 나무 인형을 쓰다듬는다.

제페토 할아버지 : (속삭이며) 오랜 세월 동안 나는 너에게 생명을 선물하고 싶었단다, 피노키오.

나무 조각에 마법이 담긴 듯 광채가 피어오른다.

제페토 할아버지 : (깜짝 놀라며) 아니, 이게 무슨 일이지?

나무 조각은 점점 더 밝아지고, 피노키오의 몸이 조금씩 움직이기 시작한다.

피노키오 : (부드럽고 사랑스러운 목소리로) ······아빠?
제페토 할아버지 : (피노키오를 훑어보며) 세상에! 피노키오! 네가 드디어 살아 움직일 수 있게 되었구나! 내 소원이 이루어졌어!

피노키오 : 소원이라는 게 뭔지는 잘 모르지만 아빠가 기쁘다니 저도 기뻐요.

제페토 할아버지는 피노키오를 꽉 끌어안는다.
품에 안긴 피노키오는 행복한 표정을 짓는다.

아하, 생각보다 간단하네.
상황을 적고, 역할의 이름과 함께
행동과 대사를 써주면 되는 거잖아.

이번에는 내가 직접 해 볼게.
음······. 피노키오가 고래 배 속에서
탈출하는 장면이 좋겠다.

때
늦은 밤
곳
고래의 배 속
나오는 사람들
피노키오, 제페토 할아버지, 크리켓

제페토 할아버지는 피노키오를 향해 뛰어간다.

제페토 할아버지 : (피노키오를 부둥켜안으며) 네가 왜 고래 배 속에 있어? 설마 날 구하려고 여기까지 들어온 거야?

피노키오 : (안긴 채 팔다리가 이리저리 흔들린다.) 그럼요! 그런데 우리 여기서 어떻게 나가요? 설마 여기서 죽는 건 아니겠죠?

제페토 할아버지의 표정이 급격히 어두워진다. 그때, 피노키오가 손뼉을 마주친다.

피노키오 : 아빠! 좋은 생각이 났어요! (제페토 할아버지의 손에 들린 촛대를 빼앗으며) 이 촛불로 고래 배 속에 불을 붙이는 거예요. 그럼 고래가 뜨거워서 우리를 토해 버릴지도 모르잖아요.

크리켓 : (허리에 손을 얹은 채) 뭐? 말도 안 되는 소리! 그런 짓을 했다가는 우리 전부 죽게 될 거라고!

피노키오 : (촛대를 높이 치켜들며) 흥, 해 보면 알지!

피노키오는 들고 있던 촛대로 고래 배 속에 불을 붙인다. 얼마 지나지 않아 귀가 터질 것 같은 소음과 함께 진동이 인다. 발목까지 차 있던 물이 높게 솟아오르더니 고래가 피노키오와 제페토 할아버지 그리고 크리켓을 밖으로 뱉어 낸다.

어때? 이 정도면 충분하겠지?

5. 문학

네, 작성한 장면은 피노키오, 제페토 할아버지, 그리고 크리켓이 고래의 배 속에서 탈출하는 상황을 잘 표현하고 있습니다.

대사와 행동을 통해 각 캐릭터의 감정과 상황이 잘 전달되고 있습니다. 작성한 대본은 연극 공연에서 충분히 활용될 수 있을 것입니다.

고마워. 그런데 걱정이 되는 부분이 있어.

내가 지문에 '깜짝 놀란다'고 썼는데 연기자가 제대로 표현하지 못하면 어쩌지? 내가 생각한 것보다 너무 작게 놀란다거나 너무 크게 놀랄 수도 있잖아.

너무 걱정하지 마세요. 연극으로 공연을 준비하는 과정에서 충분히 해결할 수 있습니다. 연극 공연을 올리기까지는 다음과 같은 과정이 필요합니다.

❶ 배역 정하기

❷ 극본 읽기

❸ 무대, 의상, 소품 등 준비하기

④ 연습하기

⑤ 무대에서 공연하기

이 중 극본 읽기와 연습하기 과정에서
표정이나 몸짓, 대사를 실감 나게 연습해 보고,
어느 정도의 표현이 적당한지 조율할 수 있습니다.

참, 연습 과정을 잊고 있었네.
그럼 연기를 하게 된 친구들에게
어떤 부분들을 신경 써 달라고 하면 좋을까?

배역을 맡았다면 인물이 처한 상황에
알맞게 표현하는 것이 중요합니다.

알맞은 목소리와 표정, 몸짓을 충분히 활용하여
인물의 감정을 관객들에게 잘 전달할 수 있도록
노력해야 합니다.

표정이나 몸짓을 이용해서 감정을 표현하는 건
생각보다 어려운 일일 것 같은데……
어떻게 해야 하는지 요령을 알려 줄 수 있어?

5. 문학

몸을 이용해 감정 표현을 하는 데에는 여러 가지 방법이 있지만 가장 효과적인 방법으로는 '정지 동작 놀이'로 연습을 하는 것입니다.

누군가 정지 동작으로 표현하면 다른 사람들이 그 동작을 보고 어떤 기분일지, 무엇을 하는 동작인지 맞히는 놀이입니다. 이를 통해 나의 마음을 효과적으로 표현하기 위해서는 어떤 동작을 취해야 하는지 배울 수 있습니다.

고마워, 치치야. 미리 적어 두었다가 연습할 때 일러 주어야겠다.

그런데 무대, 의상, 소품은 어떤 걸 준비해야 하는 거야?

연극 무대에는 필요한 요소들이 많이 있습니다.

❶ 의상 : 인물이 입을 옷들을 미리 준비한다.

❷ 소품 : 공연할 때 필요한 소품을 미리 준비한다.

❸ 음악, 효과음 : 소리를 정해진 부분에서 틀 수 있도록 미리 연습한다.

> 준비해야 할 것들이 생각보다 많구나. 남은 장면들도 얼른 극본으로 바꾸어서 연극 연습에 돌입해야겠어.

나는 연극 〈피노키오〉 극본을 조금씩 완성해 나가기 시작했다. 어렵거나 헷갈리는 부분은 치치에게 도움을 요청했더니 금방 해결할 수 있었다. 그러고부터 일주일 뒤, 나는 담임 선생님께 완성된 극본을 보여드렸다. 선생님께서는 '역시 소희가 잘 해낼 줄 알았다'며 크게 칭찬해 주셨다. 그러고는 내일부터 극본을 바탕으로 본격적인 연극 연습이 시작될 것이라고 말씀하셨다. 얼마나 재미있고, 즐거운 연극이 만들어질지 벌써 가슴이 두근거렸다. 친구들과 함께 힘을 모아 성공적으로 공연을 올릴 수 있도록 노력해야겠다.

INFORMATION

문학 작품은 여러 갈래로 나뉘어 있어요. 대표적으로는 시, 소설, 극본, 수필 등이 있죠. 시를 이야기로 바꾸어 쓰거나, 이야기를 희곡으로 바꾸어 쓰는 활동을 통해 갈래에 대한 이해는 물론 여러 가지 표현 방법을 배울 수 있답니다. 만약 갈래별로 어떠한 특징이 있는지 궁금하거나 갈래를 바꾸는 과정이 어렵게 생각된다면 대화형 인공지능과 함께해 보세요. 글을 쓰는 일이 더 이상 어렵거나 지루하게 느껴지지 않을 거예요.

교과 연계

2학년 1학기 | 인물의 마음에 어울리는 목소리로 이야기 읽기
3학년 1학기 | 이야기를 읽고 재미나 감동을 느낀 부분 찾기
3학년 2학기 | 연극 준비하기
5학년 2학기 | 감정이나 생각을 몸짓으로 표현하기
6학년 1학기 | 일상생활을 극본으로 표현하기, 극본의 특성 이해하기

같이 만드는 이야기
챗GPT와 릴레이 소설 완성하기

하늘에 구멍이라도 뚫린 듯 비가 내렸다. 벌써 열흘째 장마가 계속되고 있었다. 비는 그칠 듯 말 듯 끊임없이 쏟아졌고 간간이 울리는 천둥소리만이 고요한 마을을 흔들었다. 나는 열흘 내내 집안에 틀어박혀 있었다. 놀이터에 나갈 수도, 친구네 집에 갈 수도 없어서 눅눅한 거실과 방을 오가며 시간을 때우고 있었다. 지루함이 극에 달할 무렵 치치를 불렀다.

5. 문학

치치야. 심심한데 할 만한 놀이 없을까?

심심할 때 할 수 있는
여러 가지 놀이 아이디어가 있습니다.

퍼즐 맞추기, 보드게임, 영화나 드라마 시청,
요리, 운동, 책 읽기, 취미 활동, 온라인 게임……

전부 준비물이 필요하거나 복잡한 것들뿐이잖아.
너랑 둘이 할 수 있는 건 없어?

저와 함께 즐길 수 있는
몇 가지 활동을 제안해 드릴게요.

이야기 나누기, 퀴즈 게임, 상담,
릴레이 소설 쓰기…….

릴레이 소설 쓰기? 그게 뭔데?

릴레이 소설이란 함께 이야기를 만드는 놀이입니다.
번갈아 가며 이야기를 진행해 나갈 수 있어요.

오! 그거 재미있겠다. 그런데 이야기를 이어서 쓰려면 어떻게 해야 하지?

이야기를 이어 쓰기 위해서는 앞서 주어진 이야기의 흐름을 잘 살펴본 후 흐름이 잘 이어지도록 해야 합니다.

이야기의 흐름이라고? 그건 뭘 보면 알 수 있는데?

상황에 따라 말의 의미를 짐작할 수 있습니다. 자신의 배경지식을 떠올리거나 여러 가지 상황을 생각하며 드러나지 않은 내용을 짐작해 보면 좀 더 깊고 넓게 내용이나 상황을 이해할 수 있습니다.

아, 그러니까 내가 알고 있는 것과 글을 읽으며 알게 된 것을 적절히 조합해서 유추하면 되는 거구나.

네, 내용을 추론하기 위해서는 인물의 말, 행동, 표정을 보고 알 수 있는 사실을 자세히 살펴보아야 합니다.

5. 문학

이제 알겠어. 그럼 치치 네가
첫 장면을 써 줘. 내가 이어서 적어 볼게.

해가 서쪽 하늘 끝으로 미끄러져 가며
작은 마을 위에 붉은빛을 뿌리고 있었습니다.
작고 조용한 마을은 저녁 시간이 다가오면서
작은 등불이 하나씩 켜지고, 아이들이 활기차게 뛰어놀며
웃는 소리와 집마다 밥 짓는 소리가 분주히 퍼져 나갔습니다.

치치는 마을의 풍경을 섬세하게 묘사해 주었다. 고요한 마을 풍경을 떠올리자 해가 진 뒤 마을에 숨어 있던 무시무시한 비밀이 드러나는 장면이 저절로 떠올랐다. '폭풍전야'라고, 언제나 커다란 사건이 벌어지기 전에는 사방이 고요하기 때문이다. 나는 생각나는 내용을 글로 옮겨 적었다.

가족들과 단란히 모여 앉아 저녁을 나누어 먹은
제이슨은 잠을 청했습니다. 오늘따라 하늘이 맑고 깨끗하여
창밖으로 별들이 총총 빛났습니다. 별을 하나둘 헤아리던
제이슨의 눈꺼풀이 무겁게 내려앉은 그때였습니다.

멀리서 쿵! 쿵! 하는 소리가 들려오더니 이내 침대가 좌우로 크게 떨렸습니다. 놀란 제이슨이 몸을 벌떡 일으켰습니다.

제이슨은 창문을 향해 달려갔고, 밖을 내다보았습니다. 그 순간, 그의 눈앞에는 놀라운 광경이 펼쳐져 있었습니다. 하늘에는 번개가 번쩍이고, 먼 곳에서 폭발음과 함께 불빛이 피어올랐습니다. 마침내 가족들도 깨어났고, 모두 함께 외부로 나와 다가오는 소리와 빛을 살피기 시작했습니다.

"저게 대체 뭘까?"

제이슨이 묻자 천문학자인 아내, 에블린이 대답했습니다.

"이건 우주선이 착륙하는 소리와 광경이야! 아마도 외계인들이 지구에 왔을지도 몰라."

내용은 흥미진진하게 흘러갔다. 고요하던 마을에 외계인이라니!

5. 문학

나는 외계인의 모습을 상상하기 시작했다. 텔레비전이나 영화에 나오는 외계인처럼 눈이 크고 팔다리가 가느다란 모습이 떠올랐지만 이내 지워 버렸다. 흔한 것 대신 독특하고 특이한 모습으로 그리고 싶었기 때문이다.

제이슨은 아내와 딸의 손을 잡고 소리가 나는 방향으로 걸어갔습니다. 얼마 지나지 않아 우주 비행선의 문이 열리더니 외계인이 모습을 드러냈습니다. 검은색 막대기처럼 생긴 외계인은 양쪽에 달린 다리를 휘적휘적 굴리며 땅으로 내려왔습니다. 그러고는 제이슨을 향해 메시지를 띄웠습니다.

안녕하세요, 지구인 여러분.
저희는 우주 탐험을 위해 왔습니다.
우리는 평화로운 목적으로 여기에 왔어요.
교류와 이해를 위해 여러분과 대화하고 싶고요.

외계인의 메시지에 호기심을 느낀 에블린이 가까이 다가갔습니다. 에블린은 외계인을 향해 물었습니다.

"안녕하세요, 저는 에블린이라고 합니다. 어떤 점이 궁금하신 거죠?"

에블린의 물음에 외계인이 대답했습니다.

"안녕, 에블린. 우리는 여러분의 일상생활에 대해 호기심을 갖고 있습니다. 지구의 생명체와 우리 사이의 유사성과 차이점에 대해 알고 싶어요."

그러자 에블린이 환하게 웃으며 말했어요.

"오! 그렇다면 우리 가족과 함께 지내는 건 어때요? 저도 여러분에게 물어보고 싶은 것들이 아주 많거든요."

그렇게 외계인들은 제이슨의 집으로 향했어요. 아내도, 딸도 모두 외계인을 반기고 환영했지만 제이슨은 그렇지 못했어요. 여전히 외계인들에 대한 경계심이 남아 있었거든요.

외계인들이 제이슨의 집으로 들어서자 제이슨은 주변을 살피며 조용히 지켜보았습니다. 그러나 그는 가족들이 외계인들과 자연스럽게 대화하고 있는 모습을 보며 조금씩 마음이 녹아들기 시작했습니다.

5. 문학

에블린이 즐거워하는 모습을 보며 제이슨은
외계인들이 악의 없는 방문객일 수도 있겠다는
생각이 들었고, 상황을 조금씩 받아들이기 시작했습니다.

음, 잠깐만. 나는 평화롭게 전개되는 건
별로인 것 같아. 이야기가 흥미진진해지려면
사건, 사고가 발생해야지.

외계인들이 제이슨이 아끼는 꽃밭을
망가뜨리는 건 어떨까?

네, 좋습니다. 외계인들이
제이슨의 꽃밭을 망친 이야기로
바꾸어 보겠습니다.

제이슨의 집에 도착한 외계인들은 마당에 들어서자마자
꽃밭으로 향했습니다. 그러고는 그 위로 뛰어 올라가
마구 밟고, 헤집었습니다. 그 모습을 본 제이슨은 분노와 슬픔에
휩싸이고 말았습니다. 자신이 아끼던 꽃밭을
외계인들이 전부 망쳐놓았으니까요.
게다가 다음 날이면 아주 아름다운 꽃들이
피어날 예정이었는데, 그걸 전부 망쳐 놓다니!

제이슨은 외계인들을 향해 소리쳤어요.

그러자 외계인들은 서로를 마주 보며 알 수 없는 신호를 주고받았습니다. 그러더니 팔을 높이 치켜들었죠. 그 모습을 본 제이슨과 에블린, 그리고 딸은 긴장했습니다. 외계인이 공격이라도 해 올까 봐 잔뜩 겁을 먹은 상태였죠.

그때 외계인의 팔에서 파란 에너지파가 뿜어져 나왔어요. 그러자 죽어있던 꽃들이 전부 생기 넘치게 고개를 들었고, 이전보다 더욱 크고 아름다운 모습으로 되살아났죠.

5. 문학

제이슨 가족은 그 광경을
넋 나간 얼굴로 바라보았어요. 외계인들에게
이토록 특별한 힘이 있다는 사실이 신기했거든요.

거기까지 적었을 무렵, 거실에서 엄마 목소리가 들려왔다. 어느덧 해가 뉘엿뉘엿 저물어 저녁을 먹을 시간이었다. 슬슬 이야기를 마무리 지어야 하는데 마땅한 결말이 떠오르지 않았다. 어떻게 하면 좋지?

치치야. 이쯤에서 글을 매듭짓고 싶은데
결말로는 어떤 장면이 적당할까?
세 가지 정도만 제시해 줄래?

결말로 쓰일 수 있는 세 가지 내용은 다음과 같습니다.

❶ 제이슨과 외계인들은 꽃밭 회복 사건을 통해 더욱 깊은 우정을 쌓은 뒤 더 넓은 세계로 나아가는 새로운 여정을 시작합니다.

❷ 외계인들의 능력과 제이슨의 지식을 결합하여 새로운 사업을 시작하고, 이들은 한 가족이 되어 행복한 삶을 꾸려나갑니다.

③ 우주와 지구 사이의 새로운 연결 고리를 찾은 에블린은 인류와 외계 생명체 간의 관계를 연구하여 노벨상을 받습니다.

이 중 한 가지를 선택하여 이야기를 멋지게 마무리할 수 있습니다.

치치가 제시한 세 가지 이야기 모두 훌륭했다. 나는 그중 2번과 3번의 내용을 적절히 섞어 이야기를 마무리 짓기로 했다.

눈이 번쩍 뜨인 건 에블린 역시 마찬가지였어요. 외계 생명체와 만난 것도 모자라 그들의 신비한 능력까지 발견하게 되었으니까요.

외계인들이 제이슨 가족의 집에 머물며 제이슨과 함께 텃밭을 가꾸는 사이, 에블린은 외계 생명체와 인류 간의 연구를 계속했어요. 외계인들이 어디에서 온 존재인지, 신비한 능력의 정체는 무엇인지, 어째서 인류와 함께 어울려 살아가기로 결심한 것인지 등을 말이죠.

몇 년 뒤, 제이슨은 동네에서 가장 크고 비옥한 밭을 가꾸는 농부가 되었어요. 온 동네의 마을 사람들은 제이슨과 외계인들이 함께 힘을 모아 키운 작물을 먹고 살았죠.

에블린은 뛰어난 연구에 대한 업적을 인정받아 노벨상을 받게 되었어요. 그들의 딸은 훌쩍 자라 외계인의 언어를 연구하는 언어학자가 되기 위해 공부를 시작했고요.

그렇게 낯선 외계인들을 향해 선처를 베풀었던 제이슨네 가족은 외계인과 한 가족이 되어 이전보다 더욱 행복한 삶을 누리게 되었답니다.

이야기 끝!

> 멋진 결말입니다. 밝고 희망차며 훌륭하게 마무리한 것 같습니다.

    나는 기지개를 쭉 켰다. 컴퓨터 게임을 하는 것도, 다른 친구들의 SNS를 살펴보는 것도 재미있지만 치치와 함께 이야기를 만들어 나가는 것이 훨씬 더 유익하고 재미있다는 것을 깨달았다. 마치 내가 동화 작가가 되어 한 권의 책을 완성한 듯한 기분이 들었기 때문이다. 언젠가 내가 훌쩍 자라면 정말 동화 작가가 될 수도 있지 않을까? 치치 덕분에 새로운 꿈을 발견할 수 있었던 것 같다. 고마워, 치치야!

INFORMATION

글의 구조를 익히는 데 가장 좋은 방법은 직접 글을 써보는 것입니다. 하지만 혼자 힘으로 처음부터 끝까지 글을 완성한다는 것이 쉽지만은 않죠. 그럴 때는 대화형 인공지능과 함께 '놀이처럼' 글을 써 보세요. 서로 한 문장씩 주고받으며 대화를 나누다 보면 어느새 멋진 글이 완성되어 있을 거예요. 마음에 들지 않는 부분은 바꾸어 달라고 요청하거나, 새로운 아이디어를 제시해 달라고 부탁해도 된답니다. 완성된 글을 바탕으로 그림을 그리거나 연극을 해 보는 등 다양한 활동으로 연계해 보는 것도 재미있겠죠?

교과 연계

4학년 1학기 | 그림의 차례를 정해 이야기 꾸미기, 이야기를 읽고 이어질 내용 상상해 쓰기
4학년 2학기 | 이어질 장면 생각하기
6학년 1학기 | 드러나지 않은 내용 짐작하기, 내용을 추론하며 글 읽기

챗GPT 맞춤형 국어
대화형 인공지능 천재가 되다

1판 1쇄 2023년 9월 1일

글 · 그림 빅아이 인공지능 연구소
펴 낸 곳 OLD STAIRS
감   수 수퍼맘스토리 대표 박현영
출판 등록 2008년 1월 10일 제313-2010-284호
이 메 일 oldstairs@daum.net

가격은 뒷면 표지 참조
979-11-7079-011-2

이 책의 전부 또는 일부를 재사용하려면 반드시 OLD STAIRS의 동의를 받아야 합니다.
잘못 만들어진 책은 구매하신 서점에서 교환하여 드립니다.

공통안전기준 표시사항

- **품명** : 도서
- **재질** : 지류
- **제조자명** : Oldstairs
- **제조국명** : 대한민국
- **제조연월** : 2023년 8월
- **주소** : 서울특별시 마포구 양화로12길 24, 4층
- **KC인증유형** : 공급자적합성확인

KC마크는 이 제품이 공통안전기준에 적합하였음을 의미합니다.
책 모서리에 찍히거나 책장에 베이지 않게 조심하세요.